AI와 문화유산

AI문고

인공지능 시대입니다. 기계가 인간의 인지를 대신하고, 사물이 인간을 통하지 않고 다른 사물과 직접 커뮤니케이션합니다. 이에 따른 인간 삶과 문명 변화를 정확히 이해·예측·대응하는 것은 이 시대 우리 모두의 과제입니다. AI문고는 인공지능 기술과 환경의 여러 주제를 10가지 키워드로 정리합니다. 관련 개념과 이론, 학계와 산업계의 쟁점, 우리 일상의 변화를 다룹니다. 인간과 기술의 현재, 미래를 세심히 분석합니다.

일러두기

- 인명, 작품명, 저서명, 개념어 등은 한글과 함께 괄호 안에 해당 국가의 원어를 병기했습니다.
- 외래어 표기는 현행 어문규정의 외래어표기법을 따랐습니다.

처음이세요?

전문가세요?

AI와 문화유산

이종욱

대한민국, 서울, 커뮤니케이션북스, 2025

AI와 문화유산

지은이 이종욱
펴낸이 박영률

초판 1쇄 펴낸날 2025년 4월 24일

커뮤니케이션북스(주)
출판 등록 2007년 8월 17일 제313-2007-000166호
02880 서울시 성북구 성북로 5-11
전화(02) 7474 001, 팩스(02) 736 5047
commbooks@commbooks.com
www.commbooks.com

ISBN 979-11-7307-825-5 03500

책값은 뒤표지에 표시되어 있습니다.

차례

지속 가능한 연결을 위한 AI

문화유산은 인류의 역사와 정체성을 형성하며, 현재를 이해하고 미래를 준비하는 데 필수적인 역할을 한다. 문화유산은 장소성을 지니는 동시에 시간성을 가지는 역사 콘텐츠로, 다른 콘텐츠와 차별화된 특징을 보인다. 문화유산 콘텐츠는 일반적으로 시간과 인과적으로 연결된 내러티브 구조를 가지며, 인물, 맥락, 사건의 유형에 따라 관계가 형성된다. 또한, 역사적 사건의 의미와 가치는 시대와 상황, 관점에 따라 변할 수 있으며, 이는 해석의 다양성과 상대성을 보여준다. 문화유산 콘텐츠는 사건의 이름, 발생 시기와 장소, 관련된 인물과 집단, 그리고 사건의 핵심 내용 등으로 구성된다.

그러나 이러한 문화유산을 보존하고 전승하는 일은 날로 복잡해지고 있으며, 새로운 도전과 과제에 직면하고 있다. 이러한 상황에서 AI는 문화유산, 무형유산, 자연유산의 기록, 관리, 활용, 교육, 연구 분야에서 혁신적인 도구로 부상하고 있다. AI는 데이터 분석과 예측 모델을 통해 건축물과 고고학 유적의 보존 전략을 최적화하고, 유물에 대한 접근성을 높이며, 무형유산의 전승과 보급을 새로운 차원으로 끌어올리고, 자연유산의 보호와 복원에 기여하고 있다. 또한 AI는 유형유산, 무형유산, 자연유산 간의 지속 가능한 연결을 가능하게 함으로써 문화유산을 포괄적으로 이해할 수 있게 한다. AI는 문화유산에 가상현실(Virtual Reality), 증강현실(Augmented Reality), 메타버스 등의 기술 적용을 지원하여 대중에게 더 넓고 깊은 경험을 제공하였다. 이는 지역의 문화유산과 결합하여 지역 관광 활성화를 가져왔다.

AI는 문화유산 보존과 국제 협력에 혁신을 가져오며, 개발 도상국 유산 보호, 전쟁 피해 복원, 디지털 아카이브 구축, 가상 전시 등 다양한 방식으로 활용되고 있다. 시리아 팔미라, 일본 슈리성, 말리 팀북투, 인도네시아 보로부두르 등의 사례는 AI가 복원과 교육, 전시에 기여한 대표적 예다. 한국은 베트남, 라오스, 우즈베키스탄, 이집트 등과 ODA를 통해 문화유산 디지털 보존 · 활용 사업을 진행하고 있으며, 국외 소재 유산 환수 노력에도 AI가 중요한 역할을 하고 있다.

이 책은 AI가 문화유산에 가져온 변화와 잠재력에 대해 심도 있게 탐구한다. AI가 유물, 건축유산, 기록유산, 고고유산 같은 유형유산, 무형유산, 자연유산 분야의 기록과 보존, 관리와 활용에 미친 영향을 다양한 사례를 소개하고자 한다.

오늘날 우리는 과거 어느 때보다도 더 많은 문화유산을 기록하고 보존할 수 있는 기술을 보유하고 있다. 그러나 동시에, 이 문화유산들이 변화하는 환경과 사회 속에서 살아남을 수 있도록 새로운 접근과 전략이 요구된다. 이 책은 AI와 문화유산의 교차점에서 일어나는 중요한 변화를 이해하고, 이를 통해 우리 문화유산의 미래를 더욱 밝고 지속 가능하게 만드는 데 기여하기를 기대한다.

문화유산 보존과 활용의 혁신

디지털 기술은 현대사회의 거의 모든 분야에 깊은 영향을 미치고 있으며, 문화유산의 보존과 활용에도 혁신적인 변화를 가져오고 있다. 특히 디지털 유산(Digital Heritage)은 유·무형의 문화유산을 기록하고 보존하며, 이를 교육, 연구, 대중과의 소통에 활용하는 분야로 빠르게 발전하고 있다. 동시에 디지털 기술은 문화유산을 전 세계와 공유하고 경험할 수 있는 새로운 기회를 제공하지만, 동시에 디지털 격차, 기술 남용, 윤리적 도전 같은 문제를 수반한다.

이러한 도전 과제를 해결하기 위해 기술적 혁신뿐만

아니라 철학적 토대와 사회적 규약의 중요성이 점차 강조되고 있다. 디지털 전환 시대와 코로나19 팬데믹 이후, 문화유산 분야에서도 디지털화의 중요성이 더욱 부각되었다.

문화유산은 유형유산, 무형유산, 자연유산, 그리고 디지털 유산으로 크게 나눌 수 있다. 문화유산은 그 다양성과 가치로 인해 시대를 초월한 중요성을 지닌다. 유형유산은 물리적으로 존재하는 문화유산으로, 유물, 건축물, 고고학적 유적을 포함한다. 대표적인 예로는 경복궁 근정전과 같은 건축물, 청자 상감 운학문매병과 같은 유물, 경주 황룡사지와 같은 고고학적 유적지가 있다. 이러한 유형문화유산은 그 자체로 역사적, 문화적 가치를 지니며, 물리적 보존과 복원이 중요한 과제로 여겨진다.

무형유산은 물리적 형태가 아닌 인간의 기술, 전통, 예술, 의식 등의 비물질적 유산을 의미한다. 이는 지역사회나 집단의 정체성을 나타내며, 전통적으로 계승되어온 가치를 가진다. 예를 들어, 판소리 같은 전통 공연예술, 한산 모시짜기와 같은 전통 공예 기술, 한국의 김장문화 같은 사회관습, 강릉 단오제 같은 의식 및 행사가 이에 해당한다. 무형유산은 공동체와 사회적 기억의 중요한 요소로, 구전과 학습을 통해 전승되는 특징을 가진다.

자연유산은 자연에서 비롯된 가치 있는 유산으로, 독특한 생태계, 지형, 지질, 또는 생물학적 다양성을 포함한다. 예를 들어, 제주 화산섬과 용암 동굴, 한국의 갯벌이 자연유산의 대표적인 사례다. 자연유산은 환경 보전과 생물 다양성 보호의 관점에서 중요한 의미를 지니며, 지속 가능한 관리가 필수적이다.

디지털 유산은 디지털 형태로 기록되고 보존된 자료를 의미하며, 현대사회에서 점차 중요성이 커지고 있는 유산이다. 전통적 유산의 디지털 복제본이나 본 디지털 데이터를 포함한다. 그 예로, 한국전쟁 사진 기록 같은 디지털 아카이브, 디지털로 복원된 고대 유적, 그리고 전통 예술을 기반으로 한 미디어 아트 등이 있다. 디지털 유산은 데이터 보존과 접근성을 통해 전통 유산의 전승과 현대적 활용을 가능하게 한다.

'문화재 디지털 대전환'은 4차 산업혁명 시대와 지능정보사회에 발맞춰, 문화재의 보존, 관리, 활용 방식을 디지털로 전환하여 미래 가치를 창출하려는 국가유산청의 중장기 계획이다. 이 계획은 2021년부터 2030년까지 추진되며, 문화재 데이터를 수집, 축적, 통합하여 관리하는 빅데이터 플랫폼 구축을 비롯해, 인공지능 기반의 맞춤형 문화재 안내봇 같은 디지털 서비스를 개발하고, 국외 소재 문화재와 해양 문화재 등의 디지털 아카이브를 통해 데이터를 체계적으로 관리하고 보존하는 것을 목표로 한다. 또한, 역사 도시의 문화재와 인물, 사건 등을 디지털로 복원하여 메타버스를 활용한 '타임머신' 서비스를 제공하고, 디지털 기술에 능숙한 인력을 양성하여 문화재 현장에 배치함으로써 새로운 일자리 창출과 디지털 생태계 강화에 기여하고자 하였다.

국가유산청의 국가유산 체계 변화 중 디지털 관련 내용은 국가유산의 보존, 관리, 활용을 디지털 기술을 통해 혁신하는 데 초점을 맞추고 있다. 2024년 5월 17일, 국가유산 디지털 서비스가 개시되어 약 48만 건의 디지털 데이터를 국민에게 무료로 제공하고 있으며, 3D 정밀 데이터, 3D 에셋, 테마 콘텐츠 등 다양한 형태의 자료를 포함하고 있다. 이러한 데이터는 게임, 영화, 엔터테인먼트 등 디지털 콘텐츠 산업에서 활용될 수 있도록 설계되어, 국가유산의 활용 범위를 넓히고 산업적 가치를 창출하는 데 기여하고 있다.

유물은 역사적 문화적 고고학적 가치를 지니는 물질적 유산으로, 역사적, 문화적 맥락 속에서 그 의미를 발현한다. 특히 회화 작품은 예술품으로서 당시의 미적 감각, 사회적 가치, 종교적 관념, 기술적 수준 등을 반영한다. AI는 유물의 맥락 정보를 정리하고 전달하는 데 핵심적인 역할을 한다. AI는 유물의 설명과 관련 문서를 분석하여 자동으로 연대, 지역, 문화적 배경을 추출한다. 또한, 지식 그래프(Knowledge Graph)를 활용하면 유물 간의 관계를 시각화하고, 관람객에게 맞춤형 정보를 제공할 수 있다. AI는 위작 감정에서 사람의 한계를 보완하는 도구로 사용되고 있다. 딥 러닝 기반의 컴퓨터 비전 기술은 유물의 표면, 색상, 질감 등을 분석하여 원본과 위작을 구별할 수 있다. AI는 기존 작품 스타일을 학습하고, 특정 작품이 그 스타일에 부합하는지 비교 분석하고, 미세한 파손 흔적이나 화학적 성분의 차이를 분석해 위작 여부를 판별하는 데 기여한다.

AI와 디지털 트윈(Digital Twin) 기술은 건축유산의 원격 관리에서 중요한 역할을 한다. 디지털 트윈은 건축물의 3D 모델을 생성하고, 이를 실제 건축물의 상태와 동기화하여 실시간 모니터링을 가능하게 한다. IoT 센서를 통해 온도, 습도, 구조적 변형 데이터를 수집하고, AI가 이를 분석하여 잠재적인 위험을 예측한다. 예를 들어, 디지털 트윈을 활용해 건축 복원 과정을 시뮬레이션하고, 구조적 안정성을 평가할 수 있다.

무형유산은 전통 기술, 예술, 언어, 관습 등을 포함하며, 디지털 아카이브화와 AI를 통한 대중화가 중요한 과제로 떠오르고 있다. AI는 무형유산 보유자, 즉 인간문화재의 전통 춤 동작을 인식, 분류하여 아카이빙한다. AI 기반의 추천 시스템은 사용자의 관심사에 맞는 무형유산 아카이브 자료를 추천하며, 가상현실(VR) 기술은 전통 공연이나 의식을 체험할 수 있는 환경을 제공한다. 자연어 처리(Natural Language Processing, NLP), 음성 합성 기술, 컴퓨터 그래픽스, 실시간 랜더링 기술 등의 융합된 디지털 휴먼(Digital Human) 기술은 무형유산의 보급에 기여할 수 있다. 이 기술은 이미 돌아가신 무형문화유산 보유자, 즉 인간문화재를 디지털 휴먼으로 구축할 수 있게 한다.

기록유산은 방대한 양의 텍스트 데이터를 포함하며, AI를 사용하면 이 데이터들을 효과적으로 분석할 수 있다. OCR(Optical Character Recognition) 기술은 고문서나 희귀한 필사본을 디지털화하여 텍스트로 변환한다. 이후, 자연어 처리 기술은 텍스트를 분석하여 주요 주제, 인물, 사건 등을 자동으로 추출하며, 이 데이터를 시각화할 수 있다.

고고유산은 취약한 환경에서 발견되거나 시간이 지남

에 따라 손상되기 쉽기 때문에 보존 관리가 중요하다. AI는 이러한 유산의 기록, 분석, 보존에 혁신적인 도구로 사용되고 있다. 딥 러닝 기반의 이미지 분석 기술은 유물과 유적지의 3D 모델을 생성하여 디지털 기록을 남기고, 유적지의 지형 데이터를 분석하여 침식, 균열, 파손 등 위험 요인을 사전에 감지한다. 또한, 머신 러닝 알고리즘은 고고학적 데이터와 역사적 문헌을 결합해 새로운 유적지를 탐색한다.

자연유산은 생태계와 지질학적 특성을 포함하며, 기후변화의 영향을 직접적으로 받는다. AI는 드론과 위성 이미지를 활용하여 자연유산의 상태를 모니터링하고, 변화 패턴을 분석한다. 머신 러닝 모델은 기후변화로 인한 생태계 변화와 위험 요소를 예측하며, 이러한 데이터를 바탕으로 보존 전략을 수립할 수 있다.

AI는 문화유산의 국제적 확산과 지역 유산의 활용을 촉진한다. AI 기반 번역 기술은 문화유산 데이터를 다양한 언어로 번역하여 국제적 접근성을 높인다. 표준화된 데이터 모델은 AI를 활용해 지역의 데이터를 국제적 데이터베이스와 통합할 수 있도록 지원한다. 또한, AI는 지역 유산의 관광 정보를 개인 맞춤형으로 제공하고, 이를 지역 경제와 연계하는 데 기여하고 있다.

디지털 격차 문제의 해결

디지털 기술의 발전은 문화유산의 보존과 확산 방식에 획기적인 변화를 가져왔다. 로봇 기술, 메타버스, AI 같은 신기술은 전통적인 방식으로 접근하기 어려웠던 유물과 유산을 누구나 쉽게 경험하고 학습할 수 있도록 만들었다. 그러나 디지털 기술의 발전은 세대 간, 지역 간 디지털 접근성과 디지털 문해력의 차이로 인한 새로운 격차를 초래하기도 한다. 이러한 문제를 해결하기 위해서는 디지털 기술에 대한 평생교육과 기술 접근성 확대를 위한 노력이 필요하다. 이는 문화유산 보존이 단지 특정 그룹에 국한되지 않고, 모두가 동등하게 누릴 수 있는 문화적 권리와 직결되기 때문이다.

디지털 기술의 남용과 윤리적 도전

디지털 기술은 강력한 문화유산 보존 도구로서 기능하지만, 기술 남용으로 인해 발생할 수 있는 문제들을 간과할 수 없다. 특히 딥 러닝(deep learning)과 가짜(fake)의 혼성어로 AI를 기반으로 한 인간 이미지 합성 기술인 딥페이크(deepfake)나, AI에 의한 확신적 답변인 할루시네이션(hallucination) 같은 인공지능 기술이 역사적 사실을 왜곡하거나 잘못된 정보를 생성하는 사례는 디지털 유산의 신뢰성을 심각하게 위협한다. 예를 들어, AI를 사용해 유물의 훼손 부위를 복원하는 과정에서 오류가 발생하면 왜곡된 역사적 기록이 미래 세대에 잘못 전달될 위험이 있다. 또한, 역사적 인물의 재현이 원본의 존엄성을 훼손하거나 특정 인물의 독창적 아우라를 제대로 표현하지 못할 가능성도 있다. 이러한 이유로 기술은 사실과 왜곡을 명확히 구분해서 신중히 사용되어야 한다.

문화유산의 디지털 기술 적용에서 기술 자체보다 중요한 것은 철학적 토대와 사회적 규약이다. 기술은 단순히 도구일 뿐이며, 그 사용 방식과 목적이 진정한 가치를 결정한다. 예를 들어, 딥페이크 기술이나 AI 기반 복원 기술이 아무리 정교하게 발전하더라도, 역사적 진실성과 맥락을 보장하지 못한다면 그 가치는 제한적일 수밖에 없다. 따라서 기술적 혁신과 더불어 이를 어떻게 정의하고 규제할 것인지에 대한 사회적 합의가 필수적이다.

디지털 기술은 문화유산의 보존과 교육에 혁신적인 변화를 가져오고 있다. 이러한 변화 중에 디지털 격차 해소, 윤리적 문제 해결, 기술 남용 방지 같은 도전 과제를 해결해야 한다. 기술 발전만으로는 충분하지 않으며, 이를 정의하고 공정하게 활용할 수 있는 사회적 시스템을 구축하는 노력이 반드시 필요하다.

문화유산을 디지털화하는 것은 사람들의 정체성과 깊이 연결된 문화적 자산의 현대적 재구성임을 인식해야 한다. 이를 통해 미래 세대를 위한 지속 가능한 문화유산 보존 전략을 모색하고, 디지털 기술을 문화유산의 전승과 확산을 위한 도구로 활용해야 할 것이다.

참고문헌

이도원(2024.12.6). AI 기술로 문화유산 디지털 전환 가속화. ZDNet Korea, https://zdnet.co.kr/view/?no=20241206102133

임동근(2021.6.16). 디지털로 되살린 문화유산, AI로 추천받고 체험한다. ≪연합뉴스≫, https://www.yna.co.kr/view/AKR20210616041100005?input=1195m

01
디지털 시대의 문화유산

디지털 유산은 무엇이고 어떻게 분류될 수 있을까? AI 기반의 문화유산 보존, 관리, 활용에 어떠한 변화를 가져올 수 있는가? 이에 대한 접근성을 높이기 위해 전 세계적으로 어떠한 노력들이 이루어지고 있는지 동향을 살펴보았다.

AI와 1인 창업?

디지털 유산의 개념과 범위

소셜 미디어에 남겨진 주요 사건이나 개인의 활동 기록은 현대사회의 디지털화된 일상을 보여주는 문화유산이 될 수 있을까? 그 답의 하나로, 2011년 아랍의 봄 당시 소셜 미디어에서 공유된 게시물과 사진, 해시태그 등은 단순한 데이터가 아니라 그 시대의 정치적, 사회적 맥락을 보여주는 디지털 유산으로 보존되고 있다. 물론 이를 결정하는 데에는 기술적, 문화적, 역사적, 법적 관점이 모두 고려되어야 하지만 유네스코의 디지털 유산 보존 지침 같은 국제적 원칙은 디지털 유산의 중요성을 분명히 하고 있다.

2003년에 발표된 디지털 유산의 보존에 관한 헌장은 디지털 유산을 인류의 지식과 표현의 독창적 자원으로 정의하고 있다. 이 헌장은 디지털로 창출된 기술적, 법적, 의학적 정보뿐만 아니라 기존 아날로그 자원의 디지털 전환 형식, 그리고 문화적, 교육적, 과학적, 행정적 자원을 포함한 다양한 디지털 자원을 포괄한다고 설명한다. 이는 기록유산의 보존과 보편적 접근성을 강조하는 유네스코의 세계의 기억(Memory of the World) 프로그램과 맥락을 같이하며, 블로그, 개인 홈페이지, SNS 등 디지털 리소스를 관리와 상속의 대상으로도 본다.

디지털 유산은 단순히 데이터로서가 아니라, 문화유산처럼 전승과 보존의 대상으로서 진정성을 인정받는 것이 중요하다. 유산의 진정성은 전통적 재료와 유산 고유의 가치를 느끼게 하는 요소로, 문화유산 평가의 중요한 기준이다. 20세기 들어 진정성의 의미는 문화적 · 사회적 정체성을 포함하는 형태로 확장되었다. 디지털 유산도 단순한 데이터가 아니라 디지털 형식을 가진 문화유산으로서 문화적 · 사회적 정체성을 담는 진정성 기준을 충족해야 한다.

디지털 유산이라는 용어는 문화유산과 문화콘텐츠 분야에서 구체적 대상을 지칭하기보다는, 문화유산과 자연유산의 발굴, 보존, 연구, 분석, 공유, 보급 과정에서 활용되는 디지털 기술과 응용 분야를 포함하는 폭넓은 개념으로 사용되었다(안재홍 · 김충식, 2018). 산업계에서는 문화유산과 자연유산 보존 서비스를 위해 디지털 미디어를 적용하는 것으로 정의되며(박진호, 2021), 공학과 멀티미디어 분야에서는 문화유산을 소재로 한 디지털 콘텐츠를 의미하기도 한다. 이처럼 광범위한 사용은 개념의 모호성을 초래했으며, 유산의 가치를 충분히 반영하지 않은 정의는 디지털 유산의 보존과 활용에 장애로 작용해 왔다. 특히, 문화유산 분야에서는 전승 가치를 기반으로 디지털 파일, 물리적 저장 매체, 무형 기술을 포함한 복합적 대상으로 정의하고 범위를 명확히 설정할 필요가 있다.

디지털 유산은 '문화유산'이라는 인문학 분야와 디지털 기술 등의 다양한 학문 분야가 융합된 다학제적 성격을 가진다. 이러한 특징은 디지털 헤리티지와 관련된 다양한 학회 활동에서 확인할 수 있다. 학회의 주요 분야는 크게 콘텐츠, 컴퓨터 기술, 건축, 무형유산, 문화로 분류된다.

디지털 유산의 종류

디지털 유산은 형식에 따라 개별 객체(텍스트, 데이터베이스, 사진, 비디오, 그래픽, 소프트웨어)와 복합 객체(웹페이지, 디지털 콘텐츠)로 구분되며, 제작 배경과 생산 방식에 따라 디지털화된 유산과 본디지털(born-digital) 유산으로 나뉜다.

디지털화된 유산은 아날로그 유산을 디지털 파일로 변환한 디지털 헤리티지 데이터로, 고문서나 책의 디지털화된 파일, 석탑의 3D 스캔 기록 데이터 등이 해당된다. 이러한 데이터는 교육이나 전시 목적으로 활용되기도 하고, 주로 디지털 콘텐츠의 창작 자료로 사용된다.

따라서 접근성을 개선하기 위한 데이터 플랫폼 구축이 필요하며, 이를 통해 디지털화된 유산의 활용성과 가치를 극대화할 수 있다. 인공지능 알고리즘의 학습 재료로도 활용된다. 디지털 헤리티지 데이터는 인공지능 학습의 중요한 자원으로서, 그 보존과 활용 가치가 점점 커지고 있다.

본디지털 유산은 디지털 형식으로 생성된 콘텐츠로, 문화유산을 기반으로 한 게임이나 전시 콘텐츠 같은 디지털 콘텐츠가 그 예다. 이러한 콘텐츠는 기획자와 제작자의 철학과 관점을 많이 반영하기 때문에 아카이브에서 관련 자료를 함께 보존하고 관리해야 하며, 소유권과 저작권을 명확히 기록하는 것이 필수적이다. 디지털 헤리티지 콘텐츠는 데이터를 기반으로 창작된 결과물로, 미디어아트, 가상현실(VR), 증강현실(AR) 콘텐츠 등 융복합적 성격을 가진다. 디지털 헤리티지 콘텐츠는 문화유산을 소재로 현대 기술과 결합해 새로운 창작물을 만들어내는 데 기여하고 있다.

디지털 헤리티지 데이터

디지털 헤리티지 데이터는 유물정보, 전시, 교육, 디지털 콘텐츠를 포함하며, 텍스트, 이미지뿐만 아니라 3D 모델, 기가픽셀(Gigapixel) 이미지, CT, X-선 형광분석(X-ray Fluorescence)과 같은 다양한 보존과학 데이터를 아우른다. 이러한 데이터는 종류와 양이 폭발적으로 증가하고 있으며, 인물, 사건, 장소, 문양, 의미 같은 내용적 맥락 정보와 재생 시간, 해상도 등 형식적 맥락 정보를 모두 포함한다. 그러나 이러한 방대한 데이터를 시각화할 때 단일 정보에만 초점을 맞추면 데이터의 전체적인 맥락을 이해하기 어렵고 활용도를 떨어뜨릴 수 있다(변혜빈 외, 2024).

디지털 유산은 다양한 유형의 디지털 데이터를 다룬다. 여기에는 유물의 3D 스캔, 가상현실(VR), 증강현실(AR), 3D 프린팅 등이 포함되며, 이러한 데이터는 온라인 전시, 촉감 전시, AR/VR 체험, 키오스크 등 다양한 형태로 활용된다. 이를 통해 문화유산의 보존과 활용 범위를 크게 확장할 수 있다.

특히 디지털화된 데이터는 그 자체로 새로운 가치를 지닌다. 디지털 데이터를 통해 유물 간의 관계를 시각화하거나, 인공지능을 활용해 상관관계를 분석하는 것이 가능하다. 이러한 연구는 점점 증가하는 방대한 데이터의 처리와 관리 문제를 해결하는 데 핵심적인 역할을 한다.

디지털 헤리티지 데이터를 효과적으로 관리하기 위해서는 메타데이터 설계와 데이터 구조화가 필수적이다. 예를 들어, 3D 스캔 데이터, 이미지, 영상 등 다양한 포맷의 데이터는 체계적으로 분류되고 관리되어야 한다. 이를 위해 다양한 유형의 데이터를 하나의 플랫폼에서 통합적으로 관리하기 위한 지능형 헤리티지 공유 플랫폼 구축이 필요하다.

디지털 유산에 대한 접근성 향상

FAIR 원칙(Fair Guiding Principles)은 과학적 데이터 관리와 관리를 위한 지침으로, 2016년에 발표되었다. 이 원칙은 디지털 자산의 발견 가능성(Findability), 접근성(Accessibility), 상호 운용성(Interoperability), 재사용성(Reusability)을 개선하기 위한 가이드라인을 제시한다. 특히, 데이터의 양과 복잡성, 생성 속도가 급증하는 환경에서 인간의 개입 없이 또는 최소한의 개입으로 데이터를 찾고, 접근하며, 상호 운용하고, 재사용할 수 있는 능력을 강조한다.

데이터를 재사용하기 위한 첫 번째 단계는 데이터를 찾는 것이다. 이를 위해 메타데이터와 데이터는 사람과 컴퓨터 모두가 쉽게 찾을 수 있는 형태로 준비되어야 한다.

기계가 읽을 수 있는 메타데이터는 데이터 세트와 서비스를 자동으로 검색하는 데 핵심적인 요소다. 사용자가 필요한 데이터를 찾았을 경우, 데이터에 어떻게 접근할 수 있는지를 명확히 해야 한다. 데이터는 다른 데이터와 통합될 수 있어야 하며, 분석, 저장, 처리를 위해 다양한 애플리케이션 및 워크플로와 상호 운용 가능해야 한다.

FAIR 원칙의 궁극적인 목표는 데이터의 재사용성을 최적화하는 것이다. 이를 위해 메타데이터와 데이터는 서로 다른 설정에서 복제되거나 결합될 수 있도록 명확하고 일관되게 설명되어야 한다. FAIR 원칙은 세 가지 주요 엔터티를 다루는데 이는 데이터(모든 디지털 객체), 메타데이터(해당 디지털 객체에 대한 정보), 그리고 인프라로 구분할 수 있다. 예를 들어, 원칙 F4는 메타데이터와 데이터가 모두 검색 가능한 리소스에 등록되거나 인덱싱되어야 한다고 명시하고 있다. 이는 데이터를 효과적으로 찾고 활용할 수 있는 환경을 조성하는 데 필수적이다.

참고문헌

박진호(2021). 디지털 문화유산 유형 연구 : 석굴암 문화유산 원형을 중심으로. 상명대학교 일반대학원 박사학위논문.

변혜빈 외(2024). 박물관 자료 관리 · 활용을 위한 디지털 아카이브 데이터 구조 개선방안 연구. 박물관보존과학.
안재홍 · 김충식(2018). 『디지털 유산: 새로운 문화유산의 시대』. 아카데미북스.

02
유물, 연결과 추천

유물은 사상, 지역, 미학 등 다양한 관점으로 바라볼 수 있다. 우리는 지금까지 고정된 시각에서 유산을 바라보지 않았을까? 유물은 그 가치를 형성하는 다양한 배경 정보들이 있으며, 우리는 그것을 맥락 정보라고 부른다. 인공지능은 분절되어 있는 맥락 정보를 연결하여 관람객에게 원하는 정보를 추천한다.

AI와 MBTI?

다양한 맥락과 형식의 유물정보

우리가 박물관을 찾았을 때, 감상의 대상이 되는 유물은 단일한 측면이 아니라 역사적 배경, 지리적 위치, 건축적 특성, 문화적 영향 등 여러 차원의 정보를 포함하고 있다. 이러한 데이터를 시각화할 때, 단일 차원에만 집중하는 것은 복잡한 유산의 전체적인 맥락을 놓치기 쉽다. 다중 정보 시각화는 이러한 문제를 해결할 수 있는 강력한 방법이다.

예를 들면, 유물정보를 시각화할 때, 지리적 위치를 나타내는 지도와 함께 유산의 시대별 분포를 나타내는 타임라인, 각 유산의 건축적 특징을 보여주는 3D 모델, 그리고 문화적 중요성을 설명하는 텍스트 정보를 통합할 수 있다. 이를 통해 사용자는 특정 문화유산을 다각도로 이해할 수 있게 된다.

박물관들은 디지털 실감 영상관, AR/VR 전시관, 메타버스 박물관, 웹 기반 온라인 전시, 디지털 도슨트, 키오스크 등 다양한 디지털 전시 형식을 통해 관람객과의 상호작용을 확대하고 있다. 이러한 디지털 전시는 관람객들에게 새로운 경험을 제공하는 동시에, 박물관의 역할을 단순한 유물 보존에서 지식과 경험의 공유 플랫폼으로 확장시키고 있다(변혜빈 외, 2024).

3차원 스캐닝과 반사율 변환 이미징(Reflectance Transformation Imaging, RTI) 같은 첨단 이미지 처리 기술은 유물의 표면 형태와 색상을 입체적으로 기록하는 데 활용되고 있다. 이 기술은 명문 판독, 유물의 파손 및 보존 처리 기록, 제작 기법과 흔적 연구 등 다양한 목적에 사용되며, 유물의 세부적인 정보를 정밀하게 기록하고 보존하는 데 기여하고 있다.

기가픽셀 이미징(Gigapixel Imaging) 기술은 회화 작품을 초고화질로 디지털화하여, 갈라짐, 붓 터치, 그리고 아주 미세한 묘사까지도 세세하게 관찰할 수 있도록 한다. 이러한 기술은 유물의 구조적 · 시각적 정보를 심층적으로 분석하고 보존하는 데 중요한 도구로 자리 잡고 있다.

더 나아가, 전시, 교육, 발굴 등 박물관의 다양한 활동에서 생성되는 디지털 자료와 소장 유물의 연구 및 기록 자료는 디지털 아카이브에 체계적으로 축적되고 있다. 이를 통해 박물관은 단순히 유물을 보관하는 공간을 넘어, 디지털 기술을 활용한 지식 공유와 보존의 허브로 진화하고 있다.

현재의 박물관과 문화유산 기관은 단순히 유물정보를 제공하는 역할을 넘어, 보존 처리 기록, 도록, 학술 연구

자료 등을 웹사이트를 통해 적극적으로 공유하고 있다. 또한, 교육, 전시, 학술 행사 등 다양한 활동을 통해 관람객을 포함한 여러 이해관계자와 상호작용하며, 이러한 과정에서 새로운 디지털 자료가 계속 생성되고 있다. 이러한 디지털 자료는 박물관 내·외부 연구자들이 새로운 연구 주제를 발굴하고, 유물에 대한 새로운 통찰력을 얻는 데 중요한 기여를 하고 있다.

그러나 박물관이 직면한 핵심 과제는 연구, 보존, 전시 등 다양한 목적에 따라 생산되는 방대한 양의 디지털 자료를 체계적으로 관리하고 효과적으로 공유하는 것이다. 이러한 디지털 자료는 텍스트, 데이터베이스, 사진, 동영상, 음성, 그래픽, 소프트웨어, 웹페이지 등 다양한 형식으로 존재한다.

정보 시각화를 통한 연결

지식 그래프를 활용한 관계 네트워크 시각화는 디지털 헤리티지 데이터를 활용하는 중요한 방법 중 하나로, 유물과 유물, 또는 유물과 역사적 사건 간의 관계를 시각적으로 표현할 수 있게 한다. 예를 들어, 대영박물관과 구글 아트 & 컬처가 협업한 "The Museum of the World" 프로젝트는 소장된 유물들의 연대기적 순서와 관계를 시각화하여 관람객들이 유물을 직관적으로 이해할 수 있도록 돕는다. 이러한 시각화를 통해 연구자와 대중은 유물 간의 관계를 탐색하며 새로운 관점을 발견할 수 있다.

스페인의 프라도 미술관은 인물, 작품, 사건, 장소 정보를 연결하여 다양한 맥락 정보를 시각화하는 방식으로 관람객의 이해를 도왔다. 각각의 개체는 서로 다른 도형으로 표현되며, 인물 관계는 가족, 친구, 정책, 수집, 적 등의 유형으로 구분되어 각기 다른 색상으로 시각화되었다. 이러한 시각화는 단순한 정보 전달을 넘어, 관람객이 유물과 그 배경에 대한 깊은 이해를 도울 수 있는 효과적인 방법이다.

구글 아트 & 컬처는 전 세계의 유 · 무형 문화유산과 예술 작품을 디지털화하여 제공하는 글로벌 플랫폼으로, 박물관, 미술관, 문화유산 기관과 협력해 다양한 작품과 컬렉션을 고품질로 제공하고 있다. 이 플랫폼은 온라인 전시, 가상 투어, AR/VR 기능 등을 통해 사용자가 시간과 장소에 구애받지 않고 전 세계의 예술과 문화유산을 경험할 수 있도록 돕는다. 이를 통해 예술과 문화유산에 대한 접근성을 높이고, 대중화에 기여하고 있다.

구글 아트 & 컬처는 고해상도 이미지, 기가픽셀 이미

지, 영상, 사진, 인터랙티브 콘텐츠 등 다양한 미디어 형식을 통해 데이터를 시각적으로 제공하며, 사용자가 단순히 정보를 확인하는 것을 넘어 문화유산과 예술 작품을 다각도로 체험할 수 있도록 한다. 예를 들어, 가상 투어 기능을 활용하면 실제 박물관을 방문한 것처럼 작품을 탐색할 수 있고, AR/VR 기술을 통해 작품을 다양한 각도에서 관찰하며 새로운 방식으로 작품을 감상할 수 있다. 이러한 기능은 예술과 문화유산을 더 깊이 이해하고 체험하는 기회를 제공하며, 대중과의 소통을 강화한다.

AI는 유물 간의 관계를 분석하고, 새로운 콘텐츠를 생성하는 데 핵심적인 역할을 한다. 예를 들어, 토픽 모델링(Topic Modeling)을 통해 방대한 문화유산 데이터를 주제별로 분류할 수 있으며, 생성형 AI는 주어진 데이터를 기반으로 새로운 이미지를 만들어낼 수 있다. AI는 복잡한 관계 네트워크에서 유사 데이터를 필터링하고, 사용자가 원하는 정보를 쉽게 탐색할 수 있도록 돕는다. 이를 통해 연구자들은 데이터 간의 상호 관계를 더 깊이 이해하고, 새로운 연구 인사이트를 도출할 수 있다.

결론적으로, 지식 그래프와 AI는 디지털 헤리티지 데이터를 구조화하고 시각화하며, 새로운 인사이트를 제공하는 강력한 도구로 자리 잡고 있다. 이러한 기술들은 데이터의 상호관계를 명확히 하고, 문화유산 연구와 대중적 활용에 새로운 가능성을 열어준다.

문화유산 온톨로지

지식 그래프를 통해 이러한 맥락 정보를 연결하는 데는 온톨로지(Ontology)가 활용된다. 본래 철학에서 출발한 온톨로지는 지식을 구조화하기 위한 개념적 도구로, 컴퓨터 사이언스와 결합되어 데이터를 기반으로 결과를 추론하거나 정보를 추천하는 데 사용된다. 온톨로지는 기존의 정보를 연결할 뿐 아니라, 새롭게 입력된 정보들을 분석하여 자동으로 관계를 생성하고 확장하는 역할을 한다.

온톨로지는 지식 관리의 기본이 되는 개념화를 체계적으로 설명한 구조적 프레임워크로, 이를 통해 온톨로지가 지식 관리를 위한 도구임을 알 수 있다. 지식 관리란 조직적으로 지식을 획득, 평가, 유지하는 활동을 의미하며, 이를 통해 효과적으로 정보를 체계화하고 활용할 수 있다. 온톨로지는 정보검색, 인공지능 등 다양한 분야에서 활용되는데, 개념을 연결할 수 있기 때문에 정보검색 시스템의 지능화에서 중요한 역할을 담당하고 있다. 문화유산 데이터는 그 범위가 넓고 정보 간의 이질성이 존재하기 때문에, 이를 해결하려면 지식을 효과적으로 조직하고 관리할 수 있는 온톨로지의 디자인이 필요하다.

국제박물관협의회(ICOM)는 박물관 데이터베이스 간 지식 통합의 기술적 문제를 해결하기 위해 CIDOC-CRM (Conceptual Reference Model) 개발을 시작했으며, 해당 모델은 2006년 12월 ISO 공식 표준으로 인정받았다. CIDOC-CRM은 국제적인 문화유산 온톨로지 표준으로, 단순히 소장품 정보를 입력하고 분류하는 데 그치지 않고, 소장품 간의 공통적인 관계를 분석함으로써 새로운 정보를 발견하고 지식을 추론할 수 있는 기능을 제공한다.

문화유산의 맥락적 의미와 관계성을 유지하면서 데이터 간 통합성을 확보하는 접근의 중요성을 강조하는 연구가 있다(Lo Turco, et al., 2019). 이 연구는 토리노 이집트 박물관의 누비아 신전 모형을 3D로 디지털화하고, 이를 CIDOC-CRM을 통해 체계화함으로써 데이터의 일관성을 유지하였다. 이 연구는 유물의 역사적 배경, 보존 기록, 관련 문서 및 이미지 등 다양한 정보를 하나의 통합된 구조 내에서 관리하여, 연구자와 관람객이 복합적인 데이터를 효과적으로 탐색하고 활용할 수 있는 환경을 제공하였다.

맞춤형 유물정보 제공을 위한 AI

AI를 활용하여 맞춤형 유물정보 제공을 위해 유물 추천 시스템을 활용하여 관람객 맞춤형 스토리텔링 콘텐츠를 제공하는 기술이 개발되고 있다(이지원 외, 2024). 유물 추천 시스템은 AI 기반의 멀티모달 분석 기술을 통해 시각적 요소(이미지, 3D 모델 등)와 비시각적 요소(역사적 맥락, 설명 텍스트 등)를 통합적으로 분석하며, 유물 간의 관계성과 관람객의 관심사를 파악해 맞춤형 큐레이션 서비스를 제공한다. 이러한 시스템은 단순한 유물정보 제공을 넘어, 관람객이 개인화된 경험을 통해 문화유산을 더 깊이 이해하고 몰입할 수 있도록 돕는다. 나아가, 추천 시스템은 실공간 전시와 가상현실(VR) 전시 모두에서 적용 가능하며, 문화유산의 보존과 대중화를 위한 새로운 디지털 플랫폼으로 활용될 수 있다.

네덜란드 국립박물관(Rijksmuseum)의 Art Explorer는 박물관의 방대한 컬렉션을 온라인으로 탐색할 수 있도록 설계된 디지털 플랫폼이다. 이 플랫폼은 박물관의 디지털화된 아트 컬렉션을 활용해 누구나 손쉽게 예술 작품을 감상하고 자신만의 방식으로 예술을 탐구할 수 있는 경험을 제공한다. 사용자는 특정 작품, 작가, 주제, 시대, 예술 사조를 기준으로 원하는 작품을 검색할 수 있으며, 기가픽셀 수준의 고해상도 이미지를 통해 작품의 디테일까지 확대하여 감상할 수 있다. 이를 통해 붓놀림, 질감, 색상 등 작품의 세부적인 요소를 깊이 이해할 수 있다.

Art Explorer는 맞춤형 탐색 경험도 제공한다. 사용자가 관심 있는 키워드나 스타일에 따라 작품을 큐레이션하면, 작품 간의 연결성을 시각적으로 표현해 예술적 흐름과 주제를 심도 있게 이해할 수 있도록 돕는다. 이와 함께 Rijksmuseum은 오픈 데이터 정책을 통해 일부 작품 이미지를 자유롭게 다운로드할 수 있는 기능도 제공한다. 이러한 이미지는 상업적 목적이 아닌 교육, 연구, 창작 등에 활용 가능하며, 예술 애호가와 연구자, 창작자들에게 큰 가치를 제공한다.

사용자 인터페이스는 직관적으로 설계되어 있으며, 각 작품에 대한 간략한 정보와 배경 이야기를 제공해 작품 이해를 돕는다. 특정 시대나 테마를 선택하면 관련 작품을 큐레이션된 뷰로 탐색할 수 있어 몰입감 있는 경험을 선사한다. 또한 Art Explorer는 교육과 연구를 지원하는 다양한 학술 자료와 메타데이터를 제공하며, 학생이나 연구자가 예술사를 연구하거나 작품 분석을 진행하는 데 유용한 리소스를 포함하고 있다.

Art Explorer는 물리적으로 박물관을 방문하지 않고도 작품을 감상하거나, 개인적으로 관심 있는 테마와 예술가를 탐구할 수 있는 기회를 제공한다. 창작자들은 다운로드 가능한 이미지를 기반으로 새로운 콘텐츠를 제작할 수 있으며, 오픈 데이터 정책은 문화유산을 재해석하고 활용할 수 있는 가능성을 열어준다. 이 플랫폼은 디지털 기술을 활용하여 전통적인 박물관의 경계를 넘어 문화유산의 접근성과 활용 가능성을 극대화한 사례로 평가된다. Art Explorer는 예술 작품의 디지털 보존, 공유, 대중화의 가능성을 보여주며, 디지털 시대의 박물관이 나아갈 방향성을 제시하는 대표적인 모델로 자리 잡고 있다.

반 고흐 뮤지엄(Van Gogh Museum)의 유물 추천 시스템은 관람객의 관심사와 취향을 기반으로 개인화된 예술 감상 경험을 제공하는 디지털 기술을 활용한 플랫폼이다. 이 시스템은 관람객이 특정 주제나 작품 스타일, 시기에 관심이 있는 경우, 그와 관련된 다른 작품들을 추천하여 반 고흐의 작품 세계를 깊이 탐구할 수 있도록 돕는다. 박물관은 디지털 갤러리와 AI 기반 큐레이션 기술을 도입해 특정 작품을 감상한 관람객에게 유사한 스타일이나 주제를 공유하는 작품들을 추천하며, 이를 통해 관람객의 예술적 이해를 확장시킨다.

또한 반 고흐 뮤지엄은 VR(가상현실)과 AR(증강현실) 콘텐츠를 활용하여 관람객이 작품과 상호작용할 수 있는 새로운 경험을 제공한다. 예를 들어, 반 고흐의 대표작인 〈별이 빛나는 밤에〉를 감상한 후, 유사한 색감이나 주제를 가진 작품들을 추가로 추천받는 기능을 제공한다. 박물관 내부에서는 스마트 전시 추천 시스템을 통해 관람객의 동선과 작품 감상 시간을 분석해 관련 작품이나 자료를 추천하며, 작품의 배경 이야기나 추가 정보를 디지털 디스플레이를 통해 제공하기도 한다.

온라인 플랫폼에서도 추천 시스템은 적극적으로 활용된다. 관람객이 박물관 웹사이트나 앱에서 특정 키워드를 검색하면, 관련된 작품과 그 작품의 배경 정보, 예술적 맥락 등을 제공받을 수 있다. 또한, 감정 기반 추천 시스템을 통해 관람객이 평화로움 같은 특정 감정을 선택하면, 해당 감정과 연결된 작품들을 추천받아 개인화된 감상 경험을 누릴 수 있다.

반 고흐 뮤지엄의 유물 추천 시스템은 전통적인 감상

방식을 넘어 디지털 기술과 AI를 활용해 관람객의 참여를 극대화하고, 개인화된 경험을 제공한다는 점에서 큰 의의를 가진다. 이를 통해 관람객은 단순히 작품을 감상하는 것을 넘어 반 고흐의 예술적 여정과 삶을 깊이 이해하며, 예술과 인간적 경험을 통합적으로 탐구할 수 있다. 이러한 시스템은 박물관 운영의 현대적 모델을 제시하며, 관람객과 박물관 간의 상호작용을 강화하는 데 기여하고 있다.

참고문헌

변혜빈 외(2024). 박물관 자료 관리 · 활용을 위한 디지털 아카이브 데이터 구조 개선방안 연구. 박물관보존과학.

이지원 외(2024). 문화유산 스토리텔링을 위한 모바일 문화유산 인식 연구. ≪대한전자공학회 하계학술대회 논문집≫, 1, 463-466쪽.

Lo Turco, M., et al.(2019). Ontology for cultural heritage: Managing and representing complex data in context. *Journal of Cultural Heritage*, 38, pp.1-11.

Rijksmuseum Art explorer, https://www.rijksmuseum.nl/en/art-explorer

Van Gogh Museum, https://www.vangoghmuseum.nl/en/collection/search

03
건축유산, 기록, 복원, 관리

건축유산은 건축물이나 건축물군, 그 주변의 유적지, 그와 관련된 그와 관련된 조각, 고고학적 요소, 구조물들을 지칭하는 것으로 역사적 예술적 또는 학술적으로 뛰어난 것을 의미한다. 건축유산의 관리와 복원을 위한 인공지능 기술에 대해서 알아본다.

AI와 난임 극복?

건축유산의 그 가치와 현황

건축유산은 경복궁 근정전 같은 개별 건물, 이를 구성하는 건축 조각, 건물들이 이루는 궁궐 전체, 건물터 등을 포함한다. 건축유산에는 유형의 건축물뿐만 아니라 전통 건축기술, 건축양식, 관련 지식과 관습 같은 무형유산도 포함된다.

건축유산은 시간의 흐름에 따라 생성, 유지, 보존, 활용, 소멸(또는 재생)이라는 생애주기를 가진다. 이러한 과정에서 시대의 역사와 철학, 기술이 반영되며, 사회와 경제적 변화를 이해할 수 있는 단서를 제공한다. 예를 들어, 세계유산인 종묘의 정전은 1395년 건립 이후 5차례 증축 과정을 거치며 역사적, 철학적, 기술적 변화가 반영되어, 당시의 사회적 · 경제적 상황을 추측할 수 있는 중요한 자료로 여겨진다.

최근 건축유산의 기록과 관리에 디지털 기술이 활발히 적용되고 있다. 디지털 기술은 파괴 위험에 대비해 기록 정보를 남기는 것은 물론, 이미 사라진 건축물을 복원하거나, 도서 지역처럼 접근성이 낮은 지역의 건축유산을 정기적이고 체계적으로 관리하는 데 활용된다.

특히 Building Information Modeling(BIM) 기술은 건축물의 생애주기 전반에 걸친 정보의 생성, 저장, 관리,

분석을 지원하는 디지털 도구로, 건축유산 분야에서 이해관계자들이 효과적으로 정보를 공유하고 협력하도록 돕는다. BIM 기술은 AI와 결합하여 3D 스캔 데이터를 건축 요소별 데이터로 변환하며, 건축 구성물의 종류를 결정하고 불필요한 데이터를 제거하는 데 활용된다.

국외 사례로는 화재로 손상된 노트르담 대성당의 복원 작업에서 AI와 디지털 트윈(Digital Twin) 모델이 활용되었다. 기존 레이저 스캔 데이터를 기반으로 디지털 모델을 구축해 복원을 지원했다. 또 다른 사례로는 IS에 의해 파괴된 시리아 팔미라의 벨 신전 복원 프로젝트가 있다. 3D 스캐닝과 BIM 기술을 활용해 신전의 원형을 디지털로 재현했으며, 이는 실제 복원 작업의 핵심 자료로 활용되고 있다. 이탈리아 폼페이 유적 보존 프로젝트에서는 3D 스캐닝과 BIM 기술을 활용해 유적의 현재 상태를 정확히 기록하고, 복원 및 연구를 위한 디지털 아카이브를 구축했다.

국내 사례로는 2008년 화재로 소실된 숭례문 복구 과정에서 BIM 기술이 활용되었다. 국가유산청은 건축 도면을 기반으로 숭례문의 3D 모델을 제작해 복원을 지원했다. 또한 전통건축수리기술진흥재단은 국가 보물로 지정된 약 221개의 목조건축 문화재를 대상으로 BIM 모델 구축 사업을 진행하고 있다. 2023년 4월 기준으로 약 72개의 문화재에 대한 BIM 데이터가 완성되었으며, 매년 약 15개의 문화재에 대한 BIM 모델이 추가 제작되고 있다. 덕수궁 내 흥덕전 복원에서도 Scan-to-BIM 기술이 적용되어 3D 스캐닝으로 정확한 형상을 파악하고, BIM 모델을 구축해 시공성과 유지 관리 효율성을 높였다.

그러나 한국의 건축유산 디지털 기록 프로젝트는 전통 목조건축물의 특성을 온전히 적용하지 못하는 한계가 있다. 특히 구조적 안정성과 역사적 중요성을 지닌 구성물 간의 결합부 세부 표현이 BIM 모델에서 생략되는 경우가 많다(강혜리 외, 2023). 이러한 한계를 극복하기 위해 AI 기반 기술이 점차 도입되고 있으며, 보다 정교하고 세부적인 기록 방법론을 개발하는 데 기여하고 있다.

건축유산의 기록을 위한 AI

건축유산은 그 역사적, 문화적, 심미적 가치를 보존하기 위해 정밀한 기록과 관리가 필수적이다. 이러한 과정에서 최근 주목받는 기술이 Scan-to-BIM이다. 이 기술은 레이저 스캔(LiDAR)이나 포토그래메트리(Photogrammetry) 기술을 통해 건축유산의 3D 데이터를 수집하고, 이를 BIM으로 변환해 디지털화하는 과정을 포함한다. 특히,

인공지능은 이 과정에서 자동화와 효율성을 극대화하며 중요한 역할을 하고 있다.

AI는 포인트 클라우드 데이터(Point Cloud Data)의 정리와 분류에 활용된다. 예를 들어, PointNet++ 모델 알고리즘을 사용하면 스캔 데이터를 기반으로 건축 요소(벽, 기둥, 천장 등)를 자동으로 구분할 수 있다. 또한, 스캔 과정에서 불필요하게 포함된 사람 등의 장애물을 AI가 자동으로 감지하고 제거할 수 있어 데이터의 정밀도를 높인다.

AI는 건축유산의 기하학적 구조를 자동으로 인식하고 이를 BIM 소프트웨어에서 재구성하는 데도 활용된다. 예를 들어, AI는 창문, 문, 계단 등의 구조적 특징을 포인트 클라우드에서 추출한 뒤 이를 디지털 모델로 변환할 수 있다. 이 과정에는 딥 러닝 기술 중 CNN(Convolutional Neural Networks)과 GNN(Graph Neural Networks) 같은 최신 알고리즘이 사용된다. 이를 통해 건축유산의 복잡한 형상을 효율적으로 디지털화하고, 보다 정밀한 BIM 모델을 구축할 수 있다.

건축유산의 기록과 관리에 관한 연구는 건축유산과 관련된 문서, 사진, 도면 등의 기록을 디지털화하거나 3D 모델로 재현하는 과정을 다룬다. 이러한 연구는 다양한 디지털 기술을 활용하여 수집된 데이터를 BIM 모델에 적용하거나, 아카이브 플랫폼을 제작함으로써 건축유산의 체계적인 기록과 관리 방안을 제시한다.

데이터 획득 분야의 연구는 건축유산의 데이터를 수집하는 방법과 이에 사용되는 도구, 기술, 조사 방법에 초점을 맞춘다. 여기에는 지리정보시스템(GIS)을 활용한 위치 데이터 수집, 드론과 360° 카메라를 이용한 사진 측량 기술, 그리고 LiDAR, Matterport 등 첨단 스캐닝 장비를 활용해 현장에서 데이터를 수집하는 방법과 기술이 포함된다. 이러한 연구는 다양한 디지털 기술과 장비를 활용해 건축유산의 정밀한 기록과 데이터 관리를 지원하는 데 기여한다.

건축유산의 복원을 위한 AI

AI는 건축유산 복원 및 보존 시뮬레이션에 활용된다. 손상된 건축물의 결손 부분을 AI가 예측하고 복원 계획을 수립할 수 있으며, 딥 러닝 기반 구조 완성 모델로 과거의 모습을 시뮬레이션할 수 있다. 이 연구들은 현존하는 건축유산이나 문헌을 기반으로 재현할 수 있는 건축유산과 주변 경관을 가상으로 모델링하고, 모델링 과정을 간소화하는 방법을 탐구한다. 생성된 3D 모델은 다양한 시나리오와 조건을 시뮬레이션하여 결과를 예측하거나 시각화하는 데 활용된다.

역사적 건조물의 보존 및 복원을 지원하기 위해 역사적 건축물 보고서를 DHSR(Digital Historic Structure Report)로 변환하는 과정에서 BIM을 적용한 연구가 있다(Adiputri, 2023). BIM은 시각 정보와 데이터 간의 연결을 지원하며, 기록, 관리 프로세스를 개선하고 물리적 한계를 보완하거나 대체하는 데 기여한다. 이를 통해 DHSR의 효과적인 활용을 위한 프로토콜을 제시하고, 디지털 데이터를 활용한 역사적 건축물 보존 및 관리를 위한 새로운 접근 방식을 제안했다. 또한, 연구는 Avery Library를 포함한 샘플 BIM 모델을 개발하여 BIM의 잠재력과 한계를 설명하고, DHSR의 활용 가능성을 입증했다. 이 연구는 디지털 기술을 통해 역사적 건축물의 보존 및 관리 효율성을 높이고, 기존의 물리적 보고서를 보완할 수 있는 가능성을 보여준다.

이탈리아 Como의 Basilica di San Giacomo에서 진행 중인 복원 및 보존 프로젝트를 중심으로 기록화 및 모델링 방식이 논의되고 있다(Garramone, et al., 2023). 이 프로젝트는 2022년 시작되었으며 Scan-to-BIM 방식을 기반으로 한 HBIM(Historic Building Information

Modeling) 모델을 활용하고 있다. 연구에서는 고해상도 3D 스캐닝 기술을 사용하여 건물의 정확한 형상을 캡처하고, 다양한 모델링 전략을 통해 모든 건축 요소를 HBIM 환경에서 구현하였다. 해당 HBIM 모델은 복원 작업의 계획을 지원하며, 건설 중 발생하는 모든 정보를 전문가들에게 제공하는 단일 3D 플랫폼으로 활용되고 있다. 이를 통해 복원 과정에서의 효율성을 높이고, 정보 관리 및 공유를 체계적으로 진행할 수 있는 도구로 기능하고자 하였다.

디지털 트윈 기반 건축유산 모니터링

기후변화 위기로 인해 온도, 습도, 지진 등 예측이 어려운 자연적인 위험뿐만 아니라 전쟁, 화재 등 인공적인 위험이 건축유산에 대한 위협으로 증가하고 있다. 모니터링은 건물 정보와 데이터 관리 프로세스 또는 시스템과 관련된 연구를 포함한다. 이 연구는 건축유산을 대상으로 다양한 종류의 데이터를 효율적으로 수집 및 관리하고, 필요에 따라 해당 정보에 접근하고 이를 활용하는 과정을 다룬다. 또한 GIS와 BIM 등 다양한 기술을 활용하여 취득한 데이터를 관리하기 위한 방법론을 제시한다.

건축유산의 관리에는 디지털 트윈, 인공지능, 센서 기

반 모니터링 기술이 활발히 활용되고 있다. 이러한 기술들은 유산의 상태를 실시간으로 파악하고, 잠재적인 위험 요소를 조기에 발견하여 보다 효율적인 보존을 가능하게 한다.

디지털 트윈 기술과 AI를 활용하여 건축 요소를 식별하고 검증하는 시스템이 개발되었다. 이 시스템은 높은 정확도로 건물 구성 요소를 식별하며, 대규모 언어 모델 기반 AI를 통해 대화형 지능형 에이전트를 구축하여 데이터 관리와 시각화를 효율적으로 지원한다.

매터포트(Matterport)는 3D 스캐닝과 AI 기술을 활용하여 건축물의 디지털 트윈을 생성하는 기술을 제공한다. 이를 통해 전 세계 수백만 개의 건축물이 디지털화되어 보존 및 관리되고 있으며, 사용자는 가상 환경에서 건축유산을 탐험하고 체험할 수 있다.

Rosenwald Schools의 디지털 기록화 프로젝트는 학교의 건축, 구조, 역사적인 사실의 디지털 보존을 목표로 진행되었다(Liu, et al., 2023). 이 연구에서는 Matterport를 활용하여 몰입형 가상 투어를 제작하고, 고해상도 이미지를 활용해 HBIM(Historic Building Information Modeling)을 향상시키는 방법론을 제시하였다. 이를 통해 대상 유산의 디지털 보존을 위한 프레임워크를 제안하였다.

연구자들은 이 방법론이 다른 문화유산 프로젝트에도 적용 가능하며, 역사적 · 문화적 가치를 보존하는 데 중요한 역할을 할 것이라고 주장하였다. 이 연구는 디지털 기술을 활용한 유산 보존의 가능성을 확장하고, 다양한 유산 프로젝트에서 실질적인 활용 방안을 제시하고 있다.

또한 센서 데이터를 AI로 분석하여 실시간으로 이상을 감지하는 모니터링 시스템도 개발되었다. 이 시스템은 온도, 풍량, 기울기 등 다양한 데이터를 수집하고, 이를 실시간으로 모니터링하여 위험을 사전에 방지한다. 클라우드 기반 건축물 상태 감시 및 예측 시스템도 AI와 IoT 센서를 활용해 건축물의 상태를 실시간으로 모니터링하고 예측한다. 이 시스템은 건축물에 부착된 IoT 센서로부터 데이터를 수집하며, 건물의 기울기 등의 상태를 높은 정확도로 예측할 수 있다.

또 다른 참고할 만한 연구는 문화유산 보존을 위해 온도와 습도 같은 에너지 성능과 내부 기후가 미치는 영향을 분석하며, 이를 역사적 건물의 HBIM에 적용하여 새로운 유지 관리 및 예방 방법을 제안한 것이다(Moyano, et al., 2023). 이 연구는 에너지 운영자와 BIM 운영자 간의 학제적 접근 방식을 개발하여, 지능형 센서를 통해 온도와 습도를 측정하고 이를 3D 모델에 에너지 파라미터로 모니터링하는 새로운 프레임워크를 구축하였다.

Seville의 Sacred Heart of Jesus 교회의 사례는 지형 기반 레이저 스캐너를 사용해 대상을 조사하고, 수집된 포인트 클라우드 데이터를 바탕으로 모델을 생성한 뒤 센서를 HBIM 프로젝트에 통합하는 과정을 보여주었다. 이러한 워크플로우를 통해 교회 내부의 미세 기후 데이터를 HBIM 모델의 3D 환경에서 직접 관리하고, 데이터 공유가 가능하다는 점을 증명하였다. 연구는 이러한 통합적 접근이 문화유산 보존과 관리에서 중요한 역할을 할 수 있음을 제시하였다.

이러한 기술적 사례들은 디지털 트윈, AI, 센서 기반 기술이 건축유산의 보존과 관리에 어떻게 적용되고 있는지를 잘 보여준다. 이러한 기술을 통해 건축유산의 상태를 실시간으로 모니터링하고, 잠재적인 위험 요소를 조기에 발견하여 보다 효율적이고 체계적인 보존이 가능하다.

참고문헌

강혜리 · 이종욱(2023). 건축유산의 디지털 기술 활용에 관한 국제

연구동향 분석: CIPA2023 국제심포지엄 사례를 중심으로. 《건축역사연구》, 32(6), 63-75쪽.

강혜리 외(2023). 한국전통목조건축유산의 가상복원을 위한 HBIM 적용 방안. 《한국콘텐츠학회논문지》, 23(9), 33-42쪽.

오토데스크와 AGP(2023.6.20). 노트르담 대성당 복원에 디지털 트윈 기술 활용. 《AI라이프경제》, https://www.aifnlife.co.kr/news/articleView.html?idxno=24442

Adiputri, K. A.(2023). Digital historic structure report(DHSR): A building information modelling(BIM) utilization strategy in historic preservation. *International Archives of the Photogrammetry, Remote Sensing and Spatial Information Sciences*. XLVIII-M-2-2023.

Garramone, M., et al.(2023). Basilica di San Giacomo in Como (Italy): Drawings and HBIM to manage archaeological, conservative and structural activities. *International Archives of the Photogrammetry, Remote Sensing and Spatial Information Sciences*, XLVIII-M-2-2023.

Moyano, J., et al.(2023). Integration of dynamic information on energy parameters in HBIM models. *International Archives of the Photogrammetry, Remote Sensing and Spatial Information Sciences*, XLVIII-M-2-2023.

04
무형유산, 과거와 현재의 연결

무형유산은 현대화와 변화 속에서 점점 사라질 위기에 처해 있어 이를 보존하고 전승하기 위한 노력이 필요하다. AI는 무형유산을 더욱 생생하게 기록하고, 다음 세대와 연결하는 새로운 가능성을 열어갈 수 있다.

AI와 사주?

무형유산, 그 가치와 현황

무형유산은 전통적인 문화적 표현, 실천, 전통 지식, 공예 기술 등 형태가 없는 문화적 자산을 의미한다. 그러나 전통 춤, 음악, 공예 기술 같은 무형유산은 소멸 위험에 처해 있으며, 민속학의 쇠퇴와 함께 그 중요성에 대한 인식이 점차 커지고 있다. 이를 보존하고 현대적 가치를 부여하기 위해 기술과의 협업이 활발히 이루어지고 있으며, 특히 인공지능이 중요한 역할을 하고 있다.

AI와 기록화, 데이터 공유, 체험을 위한 디지털 기술은 무형유산 보존의 혁신적 도구로 자리 잡고 있다. 이러한 기술의 활용은 무형유산 보존의 초점을 단순히 결과물의 형태에만 두지 않고, "누가 만들었는가?", "얼마나 걸려 만들어졌는가?", "어떻게 만들어졌는가?" 같은 제작 과정과 창작자의 역할에 대한 가치를 더욱 강조한다. 이는 전통문화의 복합적인 맥락을 이해하고 기록하는 데 중요한 전환점이 되고 있다.

그러나 이러한 기술에는 전문적인 소프트웨어와 하드웨어가 필요하며, 소규모 제작 환경에서는 장비와 소프트웨어 비용이 부담이 될 수 있다는 한계가 있다. 또한, 카메라 시야 제한이나 자기적 왜곡 등 특정 조건이 시스템의 정확도에 영향을 줄 수 있다. 그럼에도 불구하고,

모션 캡처 기술은 무형유산의 보존뿐만 아니라 전통 공예, 게임, 로봇공학, 영화 등 다양한 응용 분야에서도 활용 가능성이 크다.

특히 퓨전 국악이나 다완(茶碗) 제작 같은 전통 예술이 현대 기술과 융합되면서 새로운 가치를 창출하고 있다. 또한, 저개발 국가의 무형유산 아카이빙과 글로벌 연결망 구축에서도 AI의 역할은 점차 중요해지고 있다. 이러한 흐름은 무형유산을 단순한 과거의 유물이 아닌, 현재와 미래를 연결하는 문화적 자산으로 재조명하는 중요한 계기를 마련하고 있다.

무형유산의 기록과 전승을 위한 AI

광주시가 지난 2020년부터 총사업비 50억 원을 투입, '아시아공동체 전승문화 플랫폼 구축사업'을 추진하고 있다. 이 사업은 인공지능, 문화 기술을 활용해 문화유산을 디지털 자료 전산화하고, 이를 콘텐츠 산업으로 확산시키는 광주형 문화유산 보존·활용 모델을 목표로 하고 있다. 이는 아시아의 유무형문화유산을 기록하고 전승하기 위한 디지털 데이터 기록 및 활용의 표준으로 활용될 것이다.

국립문화유산연구원은 진주검무와 승전무 모션 캡처

프로젝트를 통해 한국 전통 춤의 세부 동작을 기록하여 전승 및 연구 자료로 활용할 수 있게 하였다. 이를 통해 전통 춤의 동작을 기록하고자 하였지만 의상과 도구의 움직임을 정밀히 기록하는 데 어려움이 있었다. 기록된 데이터는 애니메이션 비디오 콘텐츠 제작 및 가상현실 기반 교육 콘텐츠를 제작하는 데 활용 되었다.

유럽의 I-Treasure 프로젝트는 무형유산 동작 기록과 전승에 다중 센서 기술을 활용하는 것으로, 카메라와 립 모션(Leap motion) 센서를 활용해 도자기 공예 동작을 정밀하게 기록하는 프로젝트다. 손동작과 몸의 자세를 다각도로 기록하는 기술이 활용되었다. 하지만 도구와 손 사이의 세부적인 동작기록에 어려운 한계가 있었다. 본 프로젝트는 공예기술 뿐 아니라 유럽의 전통 춤과 민속 가요 등을 기록하는 데 다양한 센서를 활용하고, 이를 디지털 교육 콘텐츠로 제작하는 것이었다(Grammalidis, et al., 2016).

무형유산의 동작, 행사, 의식 등을 3D 스캔, 모션 캡처, 볼류메트릭(Volumetric) 등을 활용하여 기록할 수 있다. 특히 볼류메트릭을 활용한 동작의 기록은 인물의 움직이는 이미지를 비디오로 제작하여 언제든 360도 각도에서 살펴볼 수 있다. 이는 무형유산의 입체적이고 실시간적인 특성을 보존하는 데 유리하여 관람객에게 높은 몰입감을 제공한다. 특히 무형유산 중 전통 춤의 경우 움직임의 디테일이 중요한데 볼류메트릭은 동작을 정밀하게 캡처하는데 유리하다.

예를 들어 손동작, 몸의 움직임, 무용수의 위치 변화 등을 정확히 기록할 수 있다. 또한 무용수의 동작과 복장 그리고 표정 등을 동시에 기록할 수 있어 활용도가 높다. 하지만 동작 정보를 포함한 신체 정보의 기록이 어렵기 때문에 센서나 마커를 활용한 모션 캡처 기술과 함께 활용되기도 한다.

이러한 무형유산 볼류메트릭 데이터는 VR/AR, 애니메이션 형태로 교육, 전시, 관광 등에 폭넓게 활용될 수 있다. 또한 영상이나 사진 기록에 비해 디지털 기반의 데이터로서 장기적인 보존과 복원, 재현에 유리하다. 기록된 데이터는 무형유산이 전승 과정에서 변형되더라도 원형을 유지한 데이터를 참고하여 복원할 수 있다.

무형유산 모션 캡처 기술은 주로 보존을 위한 동작 기록을 위해 활용된다. 사람이나 물체의 움직임을 디지털 데이터로 기록하는 기술이다. 이 기술은 동작, 자세 같은 신체의 움직임을 센서를 통해 정밀하게 측정하고, 이를 디지털화하여 3D 데이터로 변환한다. 무형유산 중

무용, 의식, 공예 기술 등의 반복적이고 세밀한 동작을 정밀하게 기록하는 데 활용된다. 동작의 미세한 움직임, 속도, 궤적 등을 데이터로 저장하여 분석한다. 모션 캡처 데이터는 기록을 목적으로 제작되고, 기록된 데이터는 무형유산의 동작을 학습할 수 있는 시뮬레이션 및 교육 콘텐츠 제작에 활용된다. 이는 향후에 전승자가 동작을 참고할 수 있는 자료로 활용되고, 원형을 복원하는 데 중요한 원천 자료가 된다.

하지만 모션 캡처를 활용한 무형유산 기록은 여러 명이 동시에 움직이는 경우 동작이 겹치거나 가려지는 문제가 발생할 뿐만 아니라 의상을 입거나 장신구가 있는 경우 움직임이 왜곡되어 의상 및 장신구 정보를 따로 기록해야 하는 한계가 있다. 또한 전문 모션 캡처 장비, 소프트웨어, 스튜디오 등을 설치해야 하는 한계가 있다. 대량의 데이터 처리와 장기 보관을 위한 인프라가 필요하며, 데이터 형식의 호환성의 문제가 발행할 수 있다.

무형유산의 기록은 단순히 동작 정보를 담는 것에 그치지 않고, 공간적 · 사회적 맥락을 포함하며, 감정, 에너지, 분위기 같은 비물질적 요소까지 기록할 필요가 있다. 무형유산의 동작을 판별하고 분석하는 데 활용할 수 있는 AI 기술로는 포즈 추출, 동작 분류, 생성 및 복원, 객체 및 자세 추적, 자연어 처리, 비디오 분석 등이 있다.

먼저, 포즈 추출(Pose Estimation) 기술은 OpenPose, MediaPipe Pose 같은 모델을 활용해 사람의 관절 위치를 추출하고 신체 동작을 시각화한다. 이를 통해 전통 춤이나 공예 기술 등 무형유산의 자세를 정밀하게 기록하고 분석할 수 있다.

다음으로, 동작 분류(Action Recognition) 기술은 Transformer 또는 3D Convolutional Neural Networks (3D-CNN) 기반 모델을 사용하여 시간적 · 공간적 연속성을 반영, 전통 춤이나 의식 동작을 자동으로 분류하고 패턴을 학습한다.

GANs(Generative Adversarial Networks) 같은 생성 모델은 기존 데이터를 바탕으로 유실된 동작을 복원하거나 새로운 동작을 생성하는 데 활용할 수 있다.

객체 및 자세 추적(Object and Gesture Tracking) 기술은 YOLO 같은 모델을 활용하여 춤이나 공예에서 도구와 손동작의 상호작용을 정밀하게 추적한다. 이를 통해 전통 의식이나 춤 동작의 세부적인 디테일을 분석하고, 전승 과정을 체계적으로 지원할 수 있다.

자연어 처리 기술은 동작 데이터를 텍스트로 설명하거나 주요 키워드를 추출하여 교육 및 연구 자료로 활용할 수 있도록 한다.

마지막으로, DensePose 같은 비디오 분석 기반 AI 기술은 동작의 시간적 변화를 정밀하게 분석한다. 이 기술은 빠른 동작과 느린 동작을 동시에 기록할 수 있어, 무형유산의 디지털 콘텐츠 제작과 보존에 기여한다.

이처럼 다양한 AI 기술은 무형유산의 기록, 분석, 복원 및 전승에 핵심적인 역할을 하며, 전통문화의 디지털화와 보존에 새로운 가능성을 열어준다.

무형유산 데이터의 공유를 위한 AI

아태무형유산센터는 유네스코(UNESCO)와 협력하여 무형유산 데이터를 통합 관리하고 공유하는 플랫폼인 ICHlink 서비스를 시작했다. 이 플랫폼은 다양한 언어와 포맷으로 무형유산 아카이브 데이터를 제공하여 국제적 확산에 기여하고 있다. 유네스코는 무형유산 데이터베이스를 시각화해 사용자 친화적인 데이터 열람을 가능하게 하고, 관람객은 키워드와 연결 정보를 통해 무형유산의 복잡한 관계를 탐구할 수 있도록 지원한다.

무형유산 데이터의 공유와 활용을 촉진하기 위해 인공지능 기술이 점차 활용되고 있다. 예를 들어, 지식 그래프와 시맨틱 검색 기술은 무형유산 데이터 간의 관계를 시각화하고 연결성을 강화하는 데 유용하다. CIDOC-CRM 같은 온톨로지를 활용해 데이터 구조를 체계적으로 정리하고, SPARQL을 통해 데이터를 효율적으로 검색할 수 있다. 이를 통해 춤, 의식, 음악 등 무형유산 간의 연계를 탐색할 수 있는 가능성이 확대된다.

또한, 자동번역과 다국어 지원 기술은 무형유산의 설명과 데이터를 다양한 언어로 변환해 글로벌 사용자들에게 제공함으로써 국제적 협력을 강화한다. 추천 시스템은 사용자의 관심사에 따른 관련 무형유산 데이터를 제안하여 데이터 접근성을 높이고, 개인화된 콘텐츠 제공을 가능하게 한다.

메타데이터 생성 및 관리도 AI를 통해 더욱 효율적으로 수행할 수 있다. Named Entity Recognition(NER) 기술을 활용하면 무형유산과 관련된 주요 키워드를 자동으로 추출할 수 있으며, 표준화된 메타데이터 스키마를 적용해 데이터를 정리함으로써 검색성과 관리 효율성을 높일 수 있다. 또한 Generative AI는 무형유산 데이터를 요약하거나 시각 자료를 자동으로 생성하여 연구자, 일반 사용자, 학생 등 다양한 사용자 그룹에 적합한 콘텐츠를 제공할 수 있다. 예를 들어, 전통 춤이나 의식에 관한 복잡한 설명을 간단히 요약하거나 데이터 기반으로 시각 자료를 제작해 전시와 홍보에 활용할 수 있다.

데이터 시각화 기술은 무형유산 데이터를 더욱 효과적으로 활용할 수 있게 한다. 데이터 간 네트워크 관계를 그래프, 타임라인, 워드클라우드 등의 형태로 시각화하거나, 특정 무형유산의 지역적 분포를 Geospatial AI를 통해 보여줌으로써 지역 특성을 강조할 수 있다. 이를 통해 학술적 연구뿐만 아니라 일반 대중도 무형유산 데이터에 쉽게 접근할 수 있게 된다.

AI 기반 협업 플랫폼은 연구자와 일반 사용자가 데이터를 업로드하고 검색하며 협력할 수 있는 환경을 제공한다. 예를 들어, 지식 공유봇을 활용하면 실시간 질문과 답변이 가능하며, 데이터 매칭 기술을 통해 다른 연구자의 데이터와 연계할 수 있다. 또한 Differential Privacy와 Federated Learning 같은 AI 기술은 민감한 무형유산 데이터를 안전하게 보호하면서도 글로벌 공유를 지원한다.

무형유산 대중화를 위한 AI

무형유산은 전통적인 문화적 표현, 지식, 기술을 현대사회와 연결하고 대중적으로 확산시키는 과정을 통해 그 가치를 더욱 강화하고 있다. 전통 춤, 음악, 공예 기술 등은 산업화와 현대화의 영향으로 점차 소멸 위기에 처해 있지만, 대중화를 통해 보존과 전승의 새로운 가능성을 모색하고 있다. 무형유산 대중화는 단순히 유산을 알리는 것을 넘어, 문화적 정체성과 다양성을 강화하며, 동시에 경제적 · 문화적 가치를 창출하는 데 기여한다.

무형유산 대중화를 위한 주요 전략 중 하나는 디지털 기술의 활용이다. 가상현실과 증강현실을 통해 전통 춤과 공예 기술을 가상 환경에서 체험할 수 있도록 하고, 3D 스캐닝과 시각화를 통해 전통 공예품 제작 과정을 디지털로 구현해 더 많은 사람이 접근할 수 있게 한다. 또한, 유튜브와 소셜 미디어를 활용하여 전통 음식 조리법, 춤 공연, 공예 시연 같은 콘텐츠를 제작해 전 세계로 확산시키고 있다.

현대 예술과의 융합도 무형유산 대중화의 중요한 전략이다. 전통음악과 현대음악을 결합한 퓨전 국악, 전통춤을 기반으로 한 현대무용, 그리고 도자기 같은 전통 공예품에 현대적 디자인을 접목한 사례는 무형유산의 현대적 재해석을 보여준다. 이러한 융합은 젊은 세대와 세계 대중의 관심을 끌며, 무형유산의 보편적 가치를 확장하는 데 기여하고 있다.

교육 및 체험 프로그램 역시 무형유산 대중화의 핵심

적인 요소다. 학교 교육과정에 전통문화 체험을 포함하거나, 지역 관광 프로그램에서 전통 공예나 춤을 직접 체험할 기회를 제공함으로써 무형유산에 대한 관심과 이해를 높일 수 있다. 예를 들어, 한국의 전통 한지 공예 체험이나 일본의 다도 체험 프로그램은 문화적 경험을 제공함과 동시에 무형유산의 가치를 자연스럽게 전파하는 성공적인 사례다.

무형유산 대중화는 국제 협력과 홍보를 통해 더욱 효과적으로 이루어질 수 있다. 유네스코 세계 무형유산으로 등재된 사례들은 무형유산의 가치를 세계적으로 알리고, 보존을 위한 지원을 확대한다. 또한, 전통 축제나 공연을 글로벌 이벤트로 발전시켜 무형유산의 매력을 국제적으로 홍보하려는 노력도 계속되고 있다.

그러나 무형유산 대중화에는 몇 가지 도전 과제가 있다. 지나치게 상업화될 경우, 본래의 문화적 맥락이 왜곡될 위험이 있으며, 대중화 과정에서 특정 문화만 주목받고 다른 문화는 소외될 가능성도 존재한다. 따라서 무형유산 대중화는 문화적 정체성을 유지하면서도 보편적 가치를 확산시키는 균형 잡힌 접근이 필요하다. 이러한 노력을 통해 무형유산은 과거와 현재를 연결하는 소중한 문화적 자산으로서 더욱 풍부한 의미를 가지게 될 것이다.

참고문헌

봉채영(2024.11.20) 광주시, 아시아공동체 전승문화 플랫폼 구축사업 추진. ≪데일리한국≫, https://daily.hankooki.com/news/articleView.html?idxno=1149720.

Grammalidis, N., et al.(2016). Capturing the Intangible: An Introduction to the i-Treasures Project. *International Journal of Heritage in the Digital Era*, 5(1), pp.14-29.

05
기록유산, 분석과 활용

문서, 책으로 구성된 역사 기록을 고문헌이라고 한다. 이를 분석하기 위한 문자 인식 기술, 개체명 인식 기술에 활용하기 위한 대규모 언어 모델, 그리고 검색 및 접근성을 높이기 위한 인공지능에 대해 살펴본다.

AI와 아이돌?

고문서, 고문헌으로 구성된 기록유산

구글 딥마인드의 최첨단 도구인 'Ithaca'는 딥러닝을 사용하여 손상된 비문을 복원하고, 그 기원을 파악하고, 정확한 연대를 측정한다. 'Ithaca'는 베니스 Ca' Foscari 대학교, 옥스퍼드 대학교 고전학부, 아테네 경제경영대학교 정보학부와 같은 기관과 협력하여 개발되었다. 미래에는 히브리어, 마야어와 같은 다른 고대 언어로 확장될 가능성이 있으며, 이는 인문학과 AI 간의 협력 잠재력을 확대할 것이다. 그리스 비문에 대한 방대한 데이터 세트를 학습한 Ithaca는 62%의 정확도로 텍스트를 복원한다. AI는 학자들이 역사의 주요 시기를 더욱 정밀하게 재검토할 수 있게 함으로써 역사 연구를 재정의하고 있다. AI 시스템은 인간의 전문 지식과 결합하면 텍스트 복원의 정확도를 크게 향상시킬 수 있다. 이는 이집트를 비롯한 고대 문자 해독이 필요한 고문서를 다수 보유하고 있는 국가들에 적용될 수 있다.

세계기록유산 프로그램(Memory of the World Programme)은 기록유산의 보존과 공유를 통해 인류의 문화적 다양성을 보호하고, 이를 미래 세대를 위한 중요한 자산으로 전승하는 데 기여하고 있다. 그러나 디지털화와 보존비용, 기술적 장벽, 디지털 격차, 국제적 협력의 어려움 등 다양한 도전 과제도 존재한다. 특히, 디지털 기록물의 저작권 문제와 기술적 인프라 부족은 중요한 해결 과제이다.

세계기록유산 프로그램은 유네스코(UNESCO)가 1992년에 설립한 프로그램으로, 인류의 중요한 기록유산을 보호하고 전 세계적으로 접근 가능하게 하며, 이러한 기록유산의 중요성에 대한 인식을 높이기 위해 만들어졌다. 이 프로그램은 기록유산의 보존과 접근성을 강화하고, 이를 통해 문화적 다양성과 인류의 역사적 유산을 공유하는 것을 목표로 한다. 설립 배경은 전쟁, 자연재해, 열악한 보존 환경 등으로 인해 귀중한 기록유산이 파괴되거나 유실되는 문제를 해결하기 위해 마련되었으며, 책, 문서, 필사본, 지도, 오디오 및 비디오 자료 등 다양한 형태의 기록유산을 다룬다.

세계기록유산 프로그램의 주요 목적은 기록유산을 물리적으로 보존하고 디지털화를 통해 손상 위험에서 보호하며, 전 세계 사람들이 기록유산에 쉽게 접근할 수 있도록 하는 데 있다. 또한, 기록유산의 가치를 널리 알리고 문화적 · 역사적 · 학술적 중요성을 강조함으로써, 보존과 활용에 대한 관심을 높이는 것을 목표로 한다. 프로그램은 세계적으로 중요한 기록유산을 등재하며, 이를 통해 인류의 역사적 발전을 이해하고 공유하는 데 기여한다.

기록유산이 세계기록유산으로 등재되기 위해서는 세계적 중요성, 독창성과 희귀성, 보존 상태, 그리고 특정 지역 또는 전 세계적으로 문화적 정체성에 미친 영향을 평가받아야 한다. 현재 한국의 조선왕조실록, 훈민정음 해례본, 동의보감, 직지심체요절 등이 세계기록유산으로 등재되어 있다.

세계기록유산 프로그램은 기록유산의 보존과 디지털화, 국제적 협력을 지원하며, 이를 통해 물리적 손상 없이도 기록물에 접근할 수 있는 방안을 마련한다. 또한, 워크숍과 세미나를 통해 기록유산의 보존 기술과 가치를 알리는 교육과 홍보 활동을 지속하고 있다. 그러나 디지털화와 보존에 필요한 비용, 기술적 인프라 부족, 디지털 격차 같은 문제는 해결해야 할 과제로 남아 있다.

결론적으로, 세계기록유산 프로그램은 인류의 귀중한 지적 · 문화적 유산을 보존하여 세계와 공유하며, 인류의 역사와 정체성을 이해할 수 있는 이 기록물들이 미래 세대로 전승되는 데 중요한 역할을 하고 있는 글로벌 플랫폼이다.

아날로그 문자 인식과 변환

기록유산 보존과 활용에는 손 글씨 인식 기술을 포함한 인공지능 기술이 매우 중요한 역할을 하고 있다. 특히 Convolutional Neural Network(CNN) 기반의 시스템은 손 글씨 문자를 인식하고, 언어 모델을 활용하여 각 단어에 가장 적합한 문자를 결정하는 방식으로 작동한다. 이러한 기술은 자연어 처리와 인식 기술의 발전으로 OCR의 성능을 크게 향상시켰다.

OCR은 이미지 속의 문자를 자동으로 인식하여 디지털 텍스트로 변환하는 기술로, '패턴 인식'과 '특징 감지'라는 두 가지 방법으로 작동한다. 패턴 인식은 특정 글꼴이나 문자의 전체적인 모양을 학습해 인식하는 방식이며, 특징 감지는 문자를 구성하는 선을 분석하여 개별 문자를 식별하는 방식이다. 최근에는 딥 러닝 기반의 알고리즘과 템플릿 매칭, 머신 러닝, 패턴 인식 기술이 통합되어 OCR의 정확도와 효율성이 크게 향상되었다.

OCR 기술은 문서 디지털화 및 아카이빙, 데이터 분석, 사용자 접근성 향상 등 다양한 분야에서 활용되고 있다. 예를 들어, 역사적 기록물과 도서관 자료, 고문서를 디지털화하여 장기 보존 및 접근성을 강화하거나, 디지털화된 데이터를 활용해 특정 단어를 검색하고 언어의 진화 추이를 분석할 수 있다. 또한, 삽화, 여백의 기록, 워터마크 등 문서에 담긴 다양한 부가 정보를 분석해 문서의 맥락을 더욱 풍부하게 이해할 수 있다. 시각장애인을 위한 텍스트 음성 변환(TTS) 시스템 등과 결합하여 정보 접근성을 높이는 데에도 기여하고 있다.

대표적인 사례로는 조선왕조실록 및 지역 족보 같은 고문서의 디지털 분석, 인구통계 및 행정 기록을 활용한 역사적 맥락 축적, 고대 문서의 손 글씨 기록물을 디지털화하여 학술 연구에 기여하는 작업이 있다. 이러한 기술은 기록유산 보존뿐만 아니라 디지털화와 데이터 분석을 통해 새로운 연구 가능성을 열고, 역사적 유산을 더 널리 활용할 수 있는 기반을 제공하고 있다.

기록유산 텍스트 분석을 위한 AI

한국의 대표적인 기록유산인 조선왕조실록은 방대한 텍스트를 디지털화하여 자연어 처리와 텍스트 마이닝 기법으로 분석하는 연구가 활발히 진행되고 있다. 이를 통해 특정 시대의 정책 변화와 사회적 흐름을 시계열 분석으로 시각화하거나, 역사적 사건과 주요 인물 간의 관계를 지식 그래프 형태로 표현하고 있다. 이러한 분석은 조선 시대의 정치적, 사회적 맥락을 체계적으로 이해하는 데 기여하고 있다.

훈민정음 해례본은 한글 창제 원리를 설명한 문헌으로, 딥 러닝 기반의 OCR 기술과 자연어 처리를 활용해 해례본에 기록된 고어와 현대 한국어 간의 변천 과정을 분석하는 연구가 이루어지고 있다. 이를 통해 한글의 음운 체계와 초기 문법적 특징을 연구하고, 언어적 진화를 추적하고 있다.

족보 문헌은 가족 간의 관계와 계보를 기록한 중요한 자료로, 텍스트 분석을 통해 가족 구조와 사회적 네트워크를 연구하는 데 활용되고 있다. 데이터 마이닝과 네트워크 분석 기법을 통해 족보에 기록된 인물 간의 관계를 시각화하고, 특정 시대의 가족 구조나 혼인 형태의 변화를 분석하는 연구가 진행되고 있다. 이러한 분석은 당시의 사회적 계층 구조와 문화적 특성을 이해하는 데 도움을 준다.

지역에서 보관된 다양한 고문서를 디지털화하여 텍스트 마이닝과 토픽 모델링 기술을 활용한 키워드와 주제 분석도 이루어지고 있다. 전통 농업, 세금, 행정 기록 같은 주제를 중심으로 특정 시대의 경제적 · 사회적 구조를 분석하거나, 지역 간 문헌 비교를 통해 교류와 차이를 이해하는 연구가 진행되고 있다.

불교 경전에 대한 텍스트 분석은 방대한 분량의 경전을 디지털화하여 키워드 빈도 분석, 주요 주제 간 연관성 시각화, 불교 용어의 변천 과정을 추적하는 작업을 포함한다. 이를 통해 한국 불교의 사상적 흐름과 교리의 변화 과정을 분석하고 있다.

판소리 텍스트에 대한 연구는 판소리 대본과 창작 과정을 디지털화하여 어휘 사용, 문체, 서사 구조를 텍스트 마이닝 기법으로 분석하는 작업으로 이루어진다. 이러한 연구는 전통 구전문학의 특성과 변화를 이해하고, 현대 공연 예술에 응용하는 데 기여하고 있다.

이와 같은 텍스트 분석 사례들은 디지털 기술을 활용해 한국의 문화유산을 체계적으로 분석하고, 이를 통해 역사적 맥락과 사회적 의미를 더욱 깊이 이해할 수 있는 방법론을 제시하고 있다. 디지털화와 인공지능 기술의 발전은 방대한 문화유산 텍스트의 교육, 연구, 대중화에 효과적으로 활용될 수 있는 기반을 마련하고 있다.

기록유산의 확산을 위한 AI

한국유교문화진흥원은 충청권 국학자료를 디지털 환경에서 검색하고 열람할 수 있는 '충청국학 디지털'을 구축, 운영한다. 이 시스템은 국학자료와 관련된 지식 정보를 그래프 형태로 시각화하여 사용자들이 자료 간의 연관성을 직관적으로 파악할 수 있도록 지원한다.

또한, 한국유교문화진흥원은 AI와 메타버스 기술을 활용한 유교 문화 콘텐츠 개발에도 주력하고 있다. 2024년 12월 16일에는 'AI · 메타버스와 유교문화'를 주제로 K-헤리티지 콘텐츠 활용 전문가 세미나를 개최하여, 생성형 AI와 메타버스를 접목한 문화콘텐츠의 미래에 대해 논의하였다.

이러한 노력은 유교 문화의 현대적 재해석과 디지털 콘텐츠화를 통해 대중에게 유교 문화를 알리고, 새로운 문화콘텐츠로서의 가치를 창출하는 데 기여하고 있다.

참고문헌

곽상훈(2024.12.16). 국학자료 지식그래프 시각화로 유교문화 진흥. ≪뉴시스≫, https://www.newsis.com/view/NISX20241216_0002998483

Assael, Y., et al.(2022). Restoring and attributing ancient texts using deep neural networks. *Nature*, 603, pp.280–283.

06
고고유산, 새로운 의미의 발굴

AI는 고고학 데이터에 대한 접근성을 높이고, 디지털 환경에서 의미 있는 디지털 데이터를 발굴하도록 한다. AI는 고고학 현장에서 환경을 기록, 분석하는 것뿐만 아니라 발굴된 고고 유물의 원형을 복원하는 데 활용된다.

AI와 야구?

디지털 고고학의 현황

영국 레스터 대학교는 Arch-I-Scan 프로젝트를 통해 이미지 인식과 머신 러닝 기술을 이용해 도자기 조각의 형태와 문양을 자동으로 식별하고 분류하는 기술을 개발했다. 이 기술은 수작업으로 이루어지던 파편 분석에서 연구자의 시간과 노력을 절감해 준다. AI는 사람이 눈으로 찾기 어려운 지형 변화와 구조물의 흔적을 위성 이미지나 항공 사진을 통해 포착하는 것을 지원한다. 대표적인 비전 모델인 YOLOv8은 항공 및 위성 이미지 상에서 고대 구조물의 존재를 암시하는 미세한 지형 변화를 감지하는 데 활용된다. 이를 통해 지표 아래에 묻혀 있는 유적지의 위치를 파악하는 데 중요한 도구로 사용되고 있다. 수중 고고학은 AI와 센서 기술이 결합된 분야이다. 이탈리아의 고대 로마 수중 도시인 바이애(Baiae)에서는 AI 기반의 분석 시스템이 해저 유적의 위치를 모니터링하고, 변화 양상을 기록함으로써 보다 효율적인 보존 활동이 가능해졌다.

디지털 고고학은 과거의 유산과 유적을 연구하기 위해 디지털 데이터를 수집, 분석, 관리하는 계산 방법과 도구를 다루는 학문이다. 1960년대 컴퓨터 도입으로 시작된 이 분야는 현재 역사학과 사회과학 중 가장 디지털화된 분야로 자리 잡았다. 공간 분석, 3D 모델링, 시뮬레이션, 이미지 분석 같은 컴퓨터 기반 도구들은 고고학적 탐구를 위한 새로운 접근 방식을 제공하며, 인간의 과거에 대한 이해를 크게 확장시켰다. 특히, 조사, 원격 감지, 공간 분석, 데이터 관리 같은 전문 분야는 고고학 연구의 핵심을 이루고 있다.

현대 디지털 고고학은 포인트 클라우드 데이터와 발굴 보고서 등 방대한 디지털 데이터에서 자동화된 방식으로 관련 정보를 추출하기 위한 맞춤형 서비스와 도구 개발을 포함한다. 이러한 데이터 과학 기반의 학제적 접근은 증가하는 디지털 데이터의 가용성을 높이는 것을 목표로 한다. 이를 통해 고고학 연구는 대량의 데이터를 효율적으로 분석하고, 데이터 관리와 시각화 측면에서도 새로운 가능성을 열어가고 있다.

웹 기반 디지털 고고학

AI는 디지털 고고학의 발전을 가속화하는 핵심 도구로 활용된다. AI는 특정 유적과 유사한 사례를 자동으로 찾아내며, 깨진 도자기의 원형을 예측하는 등 다양한 방식으로 연구를 지원한다. 전통적인 고고학의 방식과 원리를 웹과 디지털 환경에 적용하여 의미 있는 정보를 발굴하고 분석하는 학문적 접근이다. 이는 단순히 과거의 유물을 탐구하던 전통 고고학의 범주를 넘어, 디지털 시대의 유산과 데이터를 대상으로 하며, 웹상에 존재하는 자료를 탐구하고 이를 통해 새로운 통찰을 얻는 것을 목표로 한다.

웹 기반 디지털 고고학은 인터넷 공간에 흩어져 있는 대량의 데이터를 수집하고 체계적으로 분석하여, 특정 시기의 문화적, 역사적, 사회적 맥락을 이해하는 데 활용된다. 예를 들어, 과거 웹사이트, SNS 포스팅, 블로그, 온라인 토론 등의 데이터를 분석하여 특정 시대의 사회적 트렌드, 사건 또는 문화적 의미를 도출할 수 있다. 이러한 작업은 인터넷 아카이브나 웹 크롤링 기술, 그리고 텍스트 및 이미지 분석 도구를 사용하여 이루어진다. 이러한 기술을 통해 고고학 연구는 시간적, 공간적 범위를 확장하며, 웹상의 대규모 데이터에서 의미 있는 정보를 발굴할 수 있는 새로운 기회를 제공한다.

GIS(지리정보시스템) 또한 디지털 고고학에서 중요한 역할을 한다. GIS는 공간 정보를 기반으로 데이터를 시각화, 관리하고, 유적과 환경 간의 관계를 탐구하는 데 필수적인 도구를 제공한다. 미래의 디지털 고고학자들은 점점 복잡해지는 디지털 환경에서 GIS 같은 기술을 사용하여 인문지도 같은 접근 방식을 적용해 더 풍부한 분석을 수행할 것이다.

드론 기술은 접근이 어려운 지역에서 유적을 조사하거나 고해상도의 지형 데이터를 수집하는 데 중요한 도구로 자리 잡고 있다. 이 기술은 기존의 조사 방법으로 접근하기 어려운 유적지에서도 정밀하고 효율적인 데이터를 제공하며, 대규모 유적지의 구조적 특징을 명확히 시각화하는 데 유용하다. 드론 촬영을 통해 얻어진 데이터는 3D 모델과 지형 분석에 활용되며, 이를 GIS(지리정보시스템)와 통합하여 공간적 맥락을 분석하고 유적 간의 상호 관계를 연구하는 데 기여한다. 예를 들어, 고대 도시 발굴 현장에서 드론 촬영 데이터를 기반으로 지형 변화, 유적 분포, 유물 위치를 정확히 파악하고 이를 디지털 복원 모델로 재현함으로써 복원 작업과 연구에 실질적인 도움을 줄 수 있다. 또한, 드론을 활용한 장기 모니터링은 유적지의 침식이나 훼손 같은 물리적 변화를 감지하여 보존 전략을 수립하는 데 활용된다.

한편, 도면 자동화 기술은 인공지능을 활용하여 유물 도면의 생성 및 관리를 자동화하는 데 중점을 둔다. 기존의 수작업으로 제작되던 도면은 AI 기반 알고리즘을 통해 신속하게 설계되고, 정확도를 높여 작업 시간을 대폭

단축시킨다. 이 기술은 초기 설계부터 세부 도면 제작까지 전 과정을 자동화하며, 기존 도면 데이터를 학습하여 새로운 설계 도면을 생성하거나 다양한 디자인 시뮬레이션을 제공한다. 특히, 클라우드 기반 기술과 결합하여 도면 데이터를 실시간으로 공유하고 협업할 수 있는 환경을 제공하며, 프로젝트의 최신 데이터를 자동으로 업데이트함으로써 설계와 관리의 효율성을 높이고 있다. 도면 자동화 기술은 복원 및 보존 프로젝트에서도 활용 가능하여 문화유산의 정확한 디지털 기록과 설계 작업에 기여하고 있다.

결론적으로, 디지털 기술은 고고학적 조사와 문화유산 보존 분야에서 기존의 한계를 극복하고 새로운 가능성을 제시하고 있다. 드론 기술과 도면 자동화 시스템을 포함한 다양한 디지털 도구들은 유적의 정밀한 기록, 데이터 시각화, 장기적 보존을 가능하게 하며, 이를 통해 고고유산 연구와 보존의 수준을 한층 더 발전시키고 있다.

고고유산 정보 공유를 위한 데이터플랫폼

고고유산 정보의 공유를 위한 인공지능 기반 데이터 플랫폼 구축은 데이터 수집, 분석, 관리, 시각화를 통합적으로 제공하여 고고유산의 연구, 보존, 교육을 촉진하는 것을 목표로 한다.

이를 위해서 다양한 출처에서 데이터를 수집하고, CIDOC-CRM 같은 국제 표준 온톨로지를 활용해 데이터를 표준화하며, 자연어 처리, 이미지 인식, 추천 시스템 같은 AI 기술을 적용하여 데이터를 자동으로 분류하고 분석할 수 있는 환경을 조성한다. 대규모 데이터를 안정적으로 저장하기 위해 클라우드 기반 데이터베이스를 구축하고, 네트워크 그래프, GIS 기반 지도, 3D 모델링 등의 시각화 도구를 통합하여 데이터를 직관적으로 탐구할 수 있도록 설계한다. 사용자 맞춤형 인터페이스를 제공하여 연구자, 교육자, 일반 대중이 쉽게 접근할 수 있도록 하며, 데이터의 보안을 강화하고 사용자 권한을 기반으로 접근을 제어하는 시스템을 도입한다.

또한 플랫폼은 다국어 지원과 국제 표준을 준수하여 국제적 협력을 가능하게 하고, 지속적인 데이터 업데이트와 기술 지원을 통해 운영 효율성을 높인다. 이러한 플랫폼은 고고유산의 디지털 보존과 활용을 위한 강력한 도구로, 데이터의 체계적 관리와 새로운 정보의 추론 및 시각화를 통해 고고학 연구와 교육, 대중화를 혁신적으로 지원한다.

참고문헌

봉채영(2024.11.20). 광주시, 아시아공동체 전승문화 플랫폼 구축사업 추진. ≪데일리한국≫, https://daily.hankooki.com/news/articleView.html?idxno=1149720.

Daniël van Helden, et al.(2022). The Arch-I-Scan project: Artificial intelligence and 3D simulation for developing new approaches to Roman foodways. *Journal of Computer Applications in Archaeology.*

Jincheng Zhang, et al.(2024). Unveiling ancient Maya settlements using aerial LiDAR image segmentation. arXiv preprint.

Nicodemo Abate, et al.(2024). A semi-automatic-based approach to the extraction of underwater archaeological features from ultra-high-resolution bathymetric data: The case of the submerged Baia archaeological park. R*emote Sensing*, 16(11).

07
자연유산, 지속 가능한 보존

자연유산은 생태적, 지질학적, 문화적 가치를 지닌 자산으로, 오늘날 보존과 활용의 중요성이 점차 부각되고 있다. AI는 자연유산을 정밀히 기록하고 데이터를 체계적으로 관리하며, 교육, 연구, 콘텐츠 제작 등 다양한 분야에서 활용할 수 있게 한다.

AI와 윤동주?

자연유산의 가치와 현황

자연유산은 자연환경에 의해 형성된 생태적, 지질학적, 물리적 특징으로, 환경적, 과학적, 문화적, 미적 가치를 지닌 자연 자산을 의미한다. 유네스코 세계유산 협약에 따라, 자연유산은 생태계, 지형, 생물 다양성, 경관의 독특함과 희귀성을 기준으로 세계적으로 보호하고 보존할 가치가 있는 자산을 지정한다.

자연유산은 문화유산이나 무형유산에 비해 유산으로서의 인식과 보호 및 보존이 비교적 늦게 이루어졌다. 그러나 오늘날 생물 다양성 유지와 멸종 위기에 대비하기 위한 자료로서의 중요성이 점차 부각되고 있다. 자연유산은 동물 표본, 골격, 박제, 화석 등 다양한 형태로 존재하며, 이러한 자료들은 자연사 박물관 같은 아카이브 기관에서 체계적으로 관리되고 있다.

뿐만 아니라, 자연유산은 보존과 관리를 넘어 콘텐츠 제작 같은 산업적 활용 측면에서도 주목받고 있다. 이를 위해 자연유산 데이터의 체계적인 수집, 분류, 분석 및 활용이 필수적이며, 디지털 데이터의 도입은 학문적 연구뿐만 아니라 대중에게 자연유산의 가치를 알리고 산업적 부가가치를 창출하는 데 기여하고 있다. 디지털화는 아날로그 자료에 대한 관심을 새롭게 환기시키며, 자연유산의 미래 활용 가능성을 확장하는 데 중요한 역할을 한다.

디지털 아티스트 레픽 아나돌(Refik Anadol)은 자연유산 데이터를 활용한 예술적 접근을 통해 자연유산의 새로운 가치를 창출하고 있다. 그의 대표작인 "Machine Hallucination" 프로젝트는 인공지능 알고리즘을 통해 방대한 자연유산 이미지 데이터를 시각적으로 재구성하여 독창적인 디지털 아트를 선보인 사례다. 이 작품은 자연의 다양성과 아름다움을 강조하며, 디지털 기술을 활용해 자연유산을 새로운 방식으로 경험하게 한다. 이를 통해 대중은 자연유산의 중요성을 인식하고, 디지털 기술과 자연유산의 융합 가능성을 이해하게 된다.

레픽 아나돌의 스튜디오는 세계 최초의 자연 특화 오픈소스 생성형 AI 모델인 대규모 자연 모델(Large Nature Model, LNM)을 개발하여, 지난 10여 년간 축적한 방대한 자연 데이터를 활용했다. 이 데이터에는 스미스소니언 박물관과 런던 자연사박물관의 자료, 아마존, 아프리카, 동남아시아 등 세계 16곳의 열대우림에서 수집된 사진, 소리, 3D 스캔 데이터가 포함된다. LNM은 이러한 데이터를 학습하여 미디어 아트를 생성하며, 자연을 새롭고 창의적인 시각으로 재해석한다.

이 작업을 통해 작가는 생태계 건강이 지구의 지속 가능성에 얼마나 중요한지를 환기시키며, 자연을 기록하고 감상하는 데 첨단 기술이 가진 가능성을 탐구한다. 레픽 아나돌의 사례는 자연유산이 단순한 보존의 대상에 머무르지 않고, 디지털 시대에 창의적이고 확장된 형태로 재탄생할 수 있음을 보여주는 모범적인 예로 평가받고 있다.

자연유산의 기록과 보존을 위한 AI

동물 표본의 특성을 반영한 기록화 방안은 표본의 생물학적, 형태학적, 환경적 맥락을 정확히 담는 데 중점을 둔다. 이를 위해 3D 스캐닝 같은 디지털 기술을 활용하여 표본의 외형, 텍스처, 색상을 정밀하게 기록하며, 털과 깃털을 포함한 복잡한 표면 구조까지 세밀히 표현할 수 있는 고해상도 장비를 사용한다. 접근하기 힘든 장소에 있는 표본이나 동식물 서식지를 촬영하기 위해서는 드론이 활용된다.

특히, 레이저 스캐닝과 구조광 스캐닝 기술은 표본의 미세한 특징을 기록하는 데 유용하며, 사진 측량(Photogrammetry)을 병행해 색상 정보를 포함한 입체 데이터를 생성함으로써 현실감 있는 디지털 모델을 제공한다. 또한 표본의 내부 구조를 기록하기 위해 CT 스캔이나 X-레이 촬영을 사용하여 해부학적 데이터를 수집하고, 이를 3D 모델과 결합하여 완전한 기록을 구현한다. 손상되거나 가려진 부위가 있는 표본을 촬영할 때는 인공지능 기반 형상 예측 기술을 활용할 필요가 있다.

기록화된 데이터는 디지털 아카이브에 저장되어 연구자와 대중이 접근할 수 있도록 하며, 이를 교육, 연구, 전시, 콘텐츠 제작에 활용한다. 이러한 접근은 단순한 표본의 물리적 기록을 넘어, 표본이 지닌 과학적, 생태적, 문화적 맥락을 포괄적으로 반영하여 자연유산의 가치와 활용 가능성을 극대화한다.

기후 변화에 대비한 자연유산 디지털 아카이브

자연유산은 생태적, 지질학적, 물리적 특성을 통해 환경적, 문화적, 미적 가치를 지닌 자산으로, 이를 체계적으로 보존하고 활용하기 위해 디지털 아카이브의 구축이 중요하다. 자연유산 디지털 아카이브는 자연유산 데이터를 체계적으로 관리하고, 이를 통해 공유와 재생산을 활성화하는 것을 목적으로 한다.

표본의 생태적 특성을 반영하기 위해, 표본이 발견된

위치, 생태적 환경, 발견 당시의 조건 등을 메타데이터로 포함하여 정보의 맥락성을 강화한다. 자연유산 데이터를 체계적으로 관리하고 공유하기 위해 메타데이터 표준은 필수적이며, 대표적인 사례로 Dublin Core(Dublin Core Metadata Initiative, DCMI)와 Darwin Core(DwC)가 있다.

Dublin Core는 자연유산 데이터를 포함한 다양한 디지털 자산을 기술하기 위한 국제 표준으로, 제목, 작성자, 주제, 설명, 발행일, 형식, 언어 등 15개의 핵심 요소를 기반으로 데이터를 구조화한다. 이는 다양한 유형의 데이터를 일관되게 관리하고, 상호 운용성을 보장하며, 데이터 검색성과 재사용성을 높이는 데 기여한다.

한편, Darwin Core는 생물학적 표본과 생태 데이터를 기록하고 공유하기 위해 설계된 메타데이터 표준으로, 종 이름, 서식지, 좌표, 수집자, 수집일 등 생물 다양성과 관련된 필수 정보를 포함한다. Darwin Core는 생물학적 데이터의 체계적 관리와 국제적 데이터베이스와의 상호 운용성을 지원하여, 자연유산 데이터를 글로벌 연구 커뮤니티에서 활용할 수 있도록 한다.

이 외에도 CIDOC-CRM(Conceptual Reference Model)은 문화유산과 자연유산 데이터를 통합적으로 관리하기 위해 설계된 온톨로지 기반 메타데이터 표준으로, 데이터를 시간, 공간, 사건의 맥락에서 연결하여 풍부한 관계 정보를 제공한다. 이러한 메타데이터 표준은 자연유산 데이터를 보존하고, 연구 및 교육 목적으로 활용하며, 글로벌 협력을 통해 가치를 확장하는 데 중요한 역할을 한다.

데이터베이스는 생물 정보, 표본, 데이터 취득 정보, 디지털 파일 정보를 포함해야 한다. 각 단계는 메타데이터를 통해 상호 연계성을 유지해야 한다. 이를 바탕으로 연구는 데이터의 투명성과 상호 운용성을 보장하며, 생태 분야 정보의 접근성과 활용 가능성을 높인다.

이 데이터베이스는 보존과 관리뿐만 아니라 교육, 연구, 전시, 그리고 애니메이션, 영화, 게임 같은 멀티미디어 콘텐츠 산업에서도 활용될 수 있는 잠재력을 지닌다. 이러한 접근은 자연유산 보존의 디지털화를 촉진하고, 생태 정보의 공유를 통해 학술적, 산업적 가치를 확장하는 데 기여할 것으로 기대된다.

참고문헌

박세회(2024.10.2). 서울의 자연, 디지털로 보존하다. ≪에스콰이어 코리아≫, https://www.esquirekorea.co.kr/article/1870910

08
지역유산과 AI

AI는 지역유산의 데이터를 분석하여 맞춤형 콘텐츠를 생성하거나, 가상 역사 인물을 통해 과거와의 대화 경험을 제공할 수 있다. AI와 내러티브 스토리텔링과 미디어 기술의 융합은 지역유산을 매력적으로 전달함으로써 지역 정체성을 강화하고, 지속 가능한 지역 활성화의 기반을 마련하는 데 기여한다.

AI와 한의학?

지역 소멸과 문화유산

미디어아트는 디지털 기술과 예술의 결합을 통해 새로운 시각적 경험을 제공하며, 지역 활성화를 위한 강력한 도구로 자리 잡고 있다. 특히, 몰입형 미디어아트 전시는 지역 관광을 활성화하고 경제적 부가가치를 창출하는 데 기여한다. 부여, 공주, 익산, 진주, 고흥 등 여러 지역에서 진행된 미디어아트 프로젝트는 전통적인 지역 문화와 첨단 기술을 융합하여 새로운 형태의 문화콘텐츠를 선보임으로써 지역 정체성을 재조명하고, 방문객들에게 독특한 체험을 제공한다.

이러한 미디어아트 전시는 단순한 예술적 경험을 넘어 지역 특화 콘텐츠로 발전하고 있다. 예를 들어, 고흥에서는 천문과 우주를 테마로 한 미디어아트를 통해 지역의 특성을 반영한 독창적인 콘텐츠를 선보이며 관광객들의 관심을 끌고 있다. 부여와 익산은 백제 유산을 기반으로 한 디지털 콘텐츠를 통해 과거와 현재를 연결하며, 역사적 가치를 현대적으로 재해석하고 있다. 이러한 프로젝트는 방문객 유입을 증대시키고, 지역 경제에 긍정적인 영향을 미치며, 지역의 문화적 경쟁력을 강화하는 데 기여하고 있다.

또한 지역 기관이 주도하는 디지털 아카이브 사업은

지역의 고유한 문화와 역사적 자산을 디지털화하여 문화콘텐츠로 활용할 수 있는 기반을 제공한다. 충북과 강원을 비롯한 지역의 역사적 자료가 아카이브 구축 사업을 통해 재조명되면서, 해당 지역은 새로운 문화적 정체성을 형성하고 있다. 이러한 노력은 지역 주민들에게는 자부심을, 방문객들에게는 독창적이고 깊이 있는 경험을 제공하며, 지역사회의 문화적 가치와 지속 가능성을 확장하는 중요한 역할을 하고 있다.

충북 아키비움은 충청북도청과 충청북도문화재연구원이 운영·관리하는 디지털 아카이브로, 충청북도의 문화유산과 역사를 종합적으로 기록하고 보존하는 온라인 플랫폼이다. 이 아카이브는 충청북도의 국가유산뿐만 아니라 역사, 정치, 경제, 사회, 문화, 자연, 지리, 예술 등 다양한 분야의 정보를 포함하고 있다. 이를 통해 도민과 연구자, 일반 대중이 충북의 풍부한 문화유산과 역사를 손쉽게 접근하고 활용할 수 있도록 지원한다. 특히, 충북 아키비움은 시대별, 연대별로 충청북도의 역사를 확인할 수 있는 디지털 연표 서비스와 지도상에서 문화유산 정보를 시각적으로 제공하는 실록 지도 서비스 등을 통해 사용자들이 다양한 방식으로 자료를 탐색하고 이해할 수 있도록 돕고 있다.

부여 부소산성에서는 부소산문을 배경으로 한 인터랙티브 미디어아트 등을 통해 사비 백제의 이야기를 생동감 있게 경험할 수 있는 프로그램이 운영되었다. 생생문화재 사업은 지역 문화재의 가치를 새롭게 발견하고, 이를 활용한 다양한 프로그램을 통해 국민이 문화유산을 직접 체험하고 즐길 수 있도록 지원하는 국가유산청의 공모사업이다. 이 사업의 일환으로, 일부 지역에서는 미디어아트를 활용한 프로그램이 진행되고 있다. 이러한 미디어아트 프로그램은 첨단 기술을 통해 문화유산의 가치를 현대적으로 재해석하고, 관람객들에게 새로운 시각적 경험을 제공함으로써 지역 문화재에 대한 관심과 참여를 높이는 데 기여하고 있다.

세계유산 미디어아트 사업은 다양한 미디어와 디지털 기술을 활용하여 세계유산의 가치를 국민에게 알리고, 새로운 방식으로 즐길 수 있도록 기획된 프로그램이다. 이 사업은 국가유산청이 주관하며, 매년 지방자치단체의 공모를 통해 대상지를 선정한다. 예를 들어, 2022년에는 수원화성, 고창 고인돌유적, 제주 화산섬과 용암동굴 등 8개 지자체가 선정되어, 해당 세계유산의 보편적 가치를 첨단 미디어아트를 통해 표현하는 행사를 개최

하였다. 또한, 2025년 세계유산축전 및 국가유산 미디어아트 사업 공모가 진행 중이며, 이를 통해 새로운 방식으로 세계유산을 체험할 수 있는 프로그램이 지속적으로 개발되고 있다. 이러한 노력은 국민이 세계유산을 다양한 방법으로 친숙하게 접하고, 지역 관광과 경제 활성화에도 기여하는 것을 목표로 하고 있다.

미디어아트를 비롯한 지역 소개 기반 예술은 단순히 지역의 과거를 보존하는 데 그치지 않고, 현재와 미래의 지역성을 창조하는 데 핵심적인 역할을 한다. 디지털 콘텐츠를 통해 지역의 고유한 역사와 문화를 현대적으로 재해석하여 관광객 유입을 촉진하고, 지역 비즈니스와 연계된 경제적 부가가치를 창출하며, 지역민들에게는 문화적 환경을 제공하여 삶의 질을 향상시킨다. 특히, 지속 가능한 방식으로 지역 관광과 문화를 활성화할 수 있는 미디어아트 전시는 지역사회의 성장과 혁신을 이끄는 강력한 도구로 주목받고 있다.

결론적으로, 미디어아트는 지역의 독창적인 역사와 문화를 첨단 기술과 융합하여 새로운 가치를 창출하며, 지역 활성화를 위한 중요한 촉매제 역할을 한다. 지역 특색을 반영한 창의적 콘텐츠는 지역 정체성을 강화하고, 경제적 성장과 문화적 풍요로움을 동시에 실현하며, 지역사회에 지속 가능한 발전 모델을 제공하는 데 기여하고 있다.

지역유산 소재 가상증강현실

오늘날의 K-드라마와 영화 열풍의 기초를 다진 한국 영화 산업의 중심지였던 충무로를 방문하면, 과거 대한극장, 명보극장, 스카라극장 등으로 대표되던 영화관들의 자취는 찾아보기 어렵다. 이제는 현대적인 빌딩만이 자리 잡고 있지만, 증강현실 기술을 활용하면 그곳에서 한때 존재했던 영화관과 영화 산업의 역사를 생생하게 재현할 수 있다(이종욱 외, 2017). 이는 단순히 사라진 공간을 시각적으로 복원하는 것을 넘어, 당시의 사건을 재현하거나 역사적 인물 AI 에이전트를 통해 과거 인물과 대화를 나누며 그 시대의 사상과 관점을 이해할 수 있는 새로운 체험이 될 것이다.

지역의 건물 표지석과 안내판은 증강현실 콘텐츠를 재생할 수 있는 마커 역할을 하며, 사용자의 위치와 방향에 따라 과거 모델을 재현할 수 있다. 이러한 기술은 현재 남아 있는 기록들을 기반으로 과거의 건축물 크기, 용도, 구조를 예측하고 복원함으로써, 해당 공간의 과거 모습을 체험하며 시간 여행을 할 수 있는 기회를 제공한다.

예를 들어, 지역의 관아 터나 사찰 터에 증강현실을 적용하면 과거의 건축물을 디지털로 재현해, 당시의 생활과 건축적 특징을 생생히 체험할 수 있다.

또한 근현대의 역사적 장소에서도 증강현실을 활용할 수 있다. 3 · 1 운동이 일어났던 탑골공원, 4 · 19 혁명이 시작된 서울 주요 대학, 종로 거리 등 역사적인 사건이 발생한 장소에서 증강현실은 당시의 정신과 열기를 다시 느낄 수 있는 몰입형 경험을 제공한다. 이러한 기술은 단순히 과거를 재현하는 데 그치지 않고, 현대인들이 역사와 문화유산의 가치를 새롭게 인식하고 이를 통해 지역 정체성을 강화하며, 과거와 현재를 연결하는 창의적인 도구로 자리 잡고 있다.

지역 콘텐츠를 위한 내러티브 스토리텔링

정보 전달을 넘어 장소와 시대적 배경, 사건에 대한 몰입감을 제공하기 위해서는 내러티브 스토리텔링의 활용이 필수적이다. 내러티브 스토리텔링은 이야기를 통해 정보를 전달하면서 동시에 감정을 자극하고, 메시지나 주제를 시간적이고 논리적인 흐름으로 구성하여 전달하는 방식이다. 이를 통해 단순한 정보 제공을 넘어, 사람들의 공감을 이끌어내고 깊이 있는 이해를 돕는다.

특히, 지역 소멸의 위기 속에서 문화유산은 지역 정체성을 형성하는 중요한 요소이자, 지역 활성화를 위한 대표적인 아이템으로 주목받고 있다. 내러티브 스토리텔링은 이러한 문화유산을 새로운 시각으로 조명하고, 지역의 역사와 문화적 가치를 감동적으로 전달함으로써 지역의 매력을 높이는 데 기여할 수 있다. 이를 통해 지역 문화와 유산이 단순히 과거의 기억에 머무르지 않고, 현재와 미래를 연결하는 역할을 할 것이다.

참고문헌

이종욱 외(2017). 지역 문화유산을 활용한 증강현실 기반 관광 콘텐츠 개발. ≪한국콘텐츠학회 논문지≫, 17(12), 1-14쪽.

09
국제 문화유산 협력과 AI

AI는 문화유산 보존과 국제 협력에 혁신을 가져오며, 지역 경제 활성화와 교육, 글로벌 문화 교류를 촉진하고 있다. 특히 한국은 디지털 기술을 활용한 공적개발원조(ODA) 사업을 적극적으로 펼치고 있다.

AI와 화장품?

국제 협력사업을 위한 문화유산 AI

문화유산 분야의 국제 협력 사업은 디지털 기술을 활용하여 문화유산 보존 방식에 혁신을 가져오고, 글로벌 협력의 새로운 가능성을 열고 있다. 특히 디지털 기술은 개발 도상국의 문화유산을 보존하고 복원하는 데 중요한 역할을 하며, 국제 협력을 통해 문화적, 경제적, 교육적 가치를 창출하고 있다. 그 대표적인 사례들은 디지털 기술이 문화유산 보존과 관리에 어떻게 기여하고 있는지를 잘 보여준다.

시리아의 팔미라 유적 복원 프로젝트는 전쟁으로 파괴된 유적을 디지털 기술로 복원한 성공적인 사례다. 디지털 기업 ICONEM은 3D 스캐닝과 포토그래메트리 기술을 활용하여 유적을 디지털로 재현했다. 드론과 AI를 사용하여 전쟁으로 위협받는 역사적 랜드마크의 3D 디지털 모델을 제작했다. 또한 해당 기업은 수천 장의 이미지를 촬영하여 폼페이의 고대 유적지, 이라크의 아시리아 도시, 아프가니스탄의 불교 수도원 등 20개국 이상의 유적지를 기록했다. 이렇게 제작된 3D 모델은 복원 작업과 교육, 대중 전시에 활용되며, 디지털 기술과 국제 협력의 결합을 보여주는 모범 사례로 평가받고 있다.

일본 오키나와의 슈리성의 복원 사례도 대표적인 디

지털 문화유산 분야의 국제 협력 사례이다. 류큐 왕국 시대에 지어진 성으로서 세계문화유산에 등재되어 있던 슈리성은 2019년 화재로 인해 주요 건물들이 훼손되었다. 이를 복원하기 위해 전 세계의 방문객 2700명에게 3만 장의 사진을 기부받았다고 한다. 해당 사진은 다른 시점에서 촬영한 사진이나 동영상을 이용하여 3차원 형상을 복원하는 Structure from Motion(SfM) 기술을 적용하여 슈리성의 복원 공사에 활용되었을 뿐만 아니라 가상의 슈리성 콘텐츠로 제작되어 공사 중 관람객들을 맞이했다.

말리 팀북투 고대 사본 디지털화 프로젝트는 전쟁과 테러로 소실 위기에 처한 고대 사본을 유네스코와 구글 아트 & 컬처가 협력하여 디지털 아카이브로 보존한 사례이다. 고해상도 스캔과 AI 기반 문자 인식 기술을 통해 원본 훼손 없이 내용을 보존하고, 전 세계 연구자들이 접근할 수 있는 기반을 마련했다. 이는 아프리카 역사와 문화 연구에 중요한 전환점을 제공했다.

인도네시아의 보로부두르 사원은 드론 촬영과 3D 스캐닝 기술을 활용해 사원의 디지털 트윈으로 구축되었다. 일본의 사토시 다나카 교수는 오래된 사진을 사용해 사원의 부조의 3D 재건축 및 디지털 보존을 위한 다중 작업 신경망을 개발하여 부조의 복원에 기여하였다.

한국의 국가유산청은 2007년 베트남 후에 황성 태화전 디지털 복원, 2013년 라오스 홍낭시다 보수복원, 2020년 우즈베키스탄 박물관 역량 강화와 환경 개선 지원, 2023년 키르기즈 공화국 전통 공예 전승 활성화 사업 등의 공적개발원조(ODA) 사업을 수행해 왔다. 국가유산 ODA 사업은 지역 문화유산 보존과 관광 및 경제 활성화의 기반을 마련하며, 현지 주민들에게는 문화유산에 대한 자부심을 고취시키고 있다. 특히 한국의 정보통신기술(ICT)을 결합한 국가유산의 보존, 관리, 활용 사업의 확대가 기대되고 있다.

한국전통문화대학교는 2023년부터 이집트의 문화유산에 대한 지속 가능한 보존, 관리, 활용을 위한 기술을 지원하고 있다. 카이로에 위치하는 이집션 박물관, 콥트 박물관, 이슬람 예술 박물관을 포함한 연구 센터의 유물과 기록물을 디지털화하는 기술을 전수하고, 기록화 환경을 구축하는 내용을 포함하고 있다. 또한 지속 가능한 디지털 전환을 위한 3D 스캐닝과 디지털 아카이브 구축, 보존 기술 역량 교육이 수행될 예정이다. 유물 데이터는 디지털 전시 콘텐츠로 제작되어 현지에서 공개될 예정이다. 기록물 데이터는 향후 AI 기반의 고문서 분석을 거쳐 지능형 플랫폼을 통해 전 세계의 이집트학 연구자들에게 제공될 것이다.

한국전통문화대학교는 룩소르에 위치하는 라메세움 신전의 탑문을 복원하고, 룩소르 박물관을 디지털화 하는 사업을 진행 중이다. 이는 이집트와의 문화적 교류를 증진시키는 동시에 한국의 문화유산 복원, 관리 기술을 국제적으로 알리는 데 중요한 역할을 할 것이다.

결론적으로, 디지털 기술을 활용한 국제개발협력은 단순히 유산을 보존하는 것을 넘어, 지역 경제 활성화, 교육, 글로벌 문화 교류를 촉진한다. 디지털화를 통해 물리적 보존의 한계를 극복하고 전 세계가 이를 공유하며 연구와 교육에 활용할 수 있는 기반을 마련하고 있다.

국외 소재 문화유산 환수를 위한 AI

디지털 헤리티지는 문화유산을 디지털화하여 보존, 관리, 전시하는 방법으로, 국제 교류와 협력을 촉진하는 중요한 도구로 활용되고 있다. 이를 통해 국가 간의 문화적 이해를 증진하고, 글로벌 협력과 연구를 활성화하고 있다.

문화유산 디지털화는 유물과 유적을 디지털 형태로 변환하여 전 세계 어디서나 접근할 수 있도록 한다. 예를 들어, 가상 박물관(Virtual Museums)과 같은 온라인 전시회를 통해 국가 간 문화유산을 쉽게 탐험하고 비교할 수 있는 기회를 제공하며, 국외 소재 자국 문화유산도 디지털 형태로 감상할 수 있다. 유네스코 세계유산에 등재된 유적지를 3D 스캔하여 온라인으로 전시하면, 물리적 제약을 넘어 다양한 국가와 기관에서 이를 활용할 수 있다.

한국의 국외 소재 문화유산은 일제강점기와 전쟁 등의 역사적 배경으로 외국으로 반출된 것으로, 그 규모는 약 16만 점 이상으로 추정된다. 프랑스의 외규장각 의궤가 대표적인 사례로, 2011년 반환되었지만 영구 반납이 아닌 대여 형식으로 이루어졌다. 일본의 조선왕실의궤도 일부 반환되었지만 여전히 많은 유물이 일본에 남아 있다. 미국과 유럽의 여러 박물관에도 한국의 불상, 도자기, 회화 등이 다수 소장되어 있다.

AI와 디지털 기술은 국외 소재 문화유산의 환수 노력에도 중요한 역할을 한다. 디지털 기술은 국외 유산의 정확한 기록과 보존을 지원하며, 가상박물관을 통해 전 세계적으로 공유하고 활용할 수 있는 가능성을 제공한다.

참고문헌

이정아(2024.01.03). 문화재청, 이집트 · 캄보디아 문화유산 복원 돕는다…예산 82억 증액. ≪해럴드경제≫, https://biz.heraldcorp.com/article/3294746

이재형(2024.02.13). 문화재청 전통문화대, 이집트 문화유산 보존 · 관리 지원사업 2년 연속 선정. ≪쿠키뉴스≫, https://www.kukinews.com/article/view/kuk202402130270

10
문화유산의 미래

문화유산은 세대를 거쳐 전승되는 특징이 있다. AI는 세대 간, 지역 간 지속 가능한 연결을 위한 도구로 활용되며, 디지털 시대 문화유산의 범위 확장에 중요한 역할을 하고 있다.
세계시민주의의 관점에서 문화유산은 전 인류가 공유해야 할 보편적 자산으로, 이를 보호하고 계승하기 위한 국제적 협력과 윤리적 접근이 필수적이다.

종교와 AI?

문화유산의 범위 확장

문화유산의 범위 확장에 대해서도 고려해야 한다. 크립토아트(CryptoArt)나 NFT로 판매되는 디지털 아트는 전통적인 예술 작품과 달리 디지털 매체를 통해 창작되고 거래되며, 이는 새로운 형태의 유산으로 평가받고 있다. 이러한 디지털 예술 작품은 미래 세대가 우리의 창조적 활동과 미적 감각을 이해하는 데 중요한 자료가 될 수 있다.

마지막으로, 오래된 웹사이트와 온라인 플랫폼 역시 일반적인 디지털 유산의 사례로 볼 수 있다. 일례로, 인터넷 초창기의 웹사이트 아카이빙 프로젝트인 인터넷 아카이브(Internet Archive)의 Wayback Machine은 과거의 웹페이지와 디지털 생태계를 기록함으로써 디지털 시대의 역사를 보존하고 있다. 정보의 단순한 저장을 넘어 디지털 기술의 변화를 살필 수 있다.

이처럼 디지털 유산은 문화유산에만 한정되지 않는다. 현대사회의 일상과 창조적 활동은 물론 디지털 기술의 발전 과정이 반영된 다양한 형태로 존재하며, 그 보존과 활용은 우리 시대의 중요한 과제가 되고 있다.

미래 문화유산의 발굴

다니엘 아샴은 디지털 고고학이라는 독창적인 개념을 예술에 접목하여 과거와 현재, 미래를 연결하는 새로운 시각적 언어를 창조한 현대 예술가이다. 그의 작업은 전통 고고학에서 다루는 물리적 유산뿐만 아니라, 디지털화된 데이터를 활용하여 시간과 공간을 초월하는 작품을 제작하는 데 초점을 맞춘다.

아샴의 작품에서 고고학적 접근은 과거의 유산과 현재의 문화적 요소를 재구성하고 상상하는 과정으로 나타난다. 그는 현대사회의 익숙한 물건들인 카메라, 휴대폰, 신발을 고대 유물로 재해석하여, 시간이 지나면 이러한 물건들이 고고학적 발굴 대상이 될 수 있음을 암시한다. 이러한 방식으로 그는 인류의 시간적 · 문화적 흐름을 시각적으로 표현하고, 우리가 당연하게 여기는 현재의 물질적 문화가 미래에는 어떤 의미를 가질지 질문을 던진다.

디지털 고고학이라는 그의 관점은 디지털 기술의 발전이 예술 창작과 고고학적 탐구에 미치는 영향을 반영한다. 아샴은 3D 스캐닝, 디지털 렌더링, 증강현실(AR) 등 최첨단 기술을 활용하여, 과거의 유물을 현대적으로 재창조하거나, 전혀 새로운 미래의 유산을 상상한다. 그의 작업은 물리적 조각 작품뿐 아니라 가상 환경에서의 체험을 통해 디지털 공간에서도 전시될 수 있다. 이를 통해 관람자는 단순히 작품을 보는 데 그치지 않고, 디지털화된 고고학적 환경을 직접 탐험할 수 있다.

아샴의 작업은 물질과 시간의 경계를 흐릿하게 만들며, 전통 고고학적 관점에서 보존과 기록의 의미를 확장한다. 그의 작품은 유물이나 유적의 본질이 반드시 물리적 형태로만 존재해야 하는 것이 아니라, 디지털 기술을 통해 새로운 방식으로 보존되고 해석될 수 있음을 보여준다. 이는 현대 고고학에서의 디지털화와 연결되며, 물리적 유산의 디지털 보존과 미래 유산 창출이라는 개념을 예술적으로 탐구한다.

결국, 다니엘 아샴의 디지털 고고학 관점은 과거와 현재, 미래를 하나의 연속적인 맥락으로 바라보며, 인간의 시간적 경험과 문화적 생산물을 재해석하는 독창적인 예술적 접근 방식이다. 그는 디지털 기술을 활용해 현대인의 일상적 사물과 과거의 유산을 연결함으로써, 우리의 역사를 바라보는 방식과 문화유산의 본질에 대해 새로운 질문을 제기하고 있다.

세계시민주의와 문화유산

세계시민주의와 문화유산은 현대사회에서 밀접하게 연결된 개념으로, 상호 보완적인 역할을 한다. 세계시민주의는 국적과 경계를 넘어 인류의 공통 가치를 존중하고 협력해야 한다는 철학을 바탕으로 한다. 문화유산은 특정 지역과 공동체의 역사, 전통, 창조성을 반영하는 자산으로, 인류 전체가 함께 보존하고 계승해야 할 중요한 유산으로 간주된다.

세계시민주의의 관점에서 문화유산은 특정 국가나 민족의 경계를 넘어 전 인류가 공유해야 할 보편적 가치를 지닌다. 유네스코 세계유산 프로그램은 이러한 철학을 구체화한 사례로, 문화유산을 전 세계적으로 보호하고 공유하는 데 기여하고 있다.

문화유산은 또한 다양성을 존중하고 인류의 공통된 가치를 이해하는 데 기여한다. 서로 다른 문화유산은 세계 시민들이 각기 다른 문화를 배우고 존중할 수 있는 기회를 제공하며, 국제적인 연대와 협력을 강화한다. 예를 들어, 한국의 김장 문화, 일본의 다도, 이탈리아의 르네상스 건축 등은 전 세계 사람들이 서로의 문화를 이해하고 공감할 수 있도록 한다.

그러나 전쟁, 환경 변화, 상업화 등으로 인해 문화유

산이 훼손되는 위기도 존재한다. 이러한 문제를 해결하기 위해서는 국제적 협력과 윤리적 접근이 필요하다. 결론적으로, 세계시민주의와 문화유산은 과거와 현재, 미래를 연결하며, 인류의 공동 가치를 보존하고 전파하는 데 중요한 역할을 한다.

참고문헌

김은정(2024.10.2). 디지털 시대의 문화유산 보존, AI로 새롭게 조명하다. MBN 뉴스, https://www.mbn.co.kr/news/culture/5061226

이종욱

한국전통문화대학교 디지털헤리티지학과 교수다. 카이스트 문화기술대학원에서 문화기술학 박사 학위를 받았다. 한국전자통신연구원에서 위촉연구원으로 근무했다(2014~2016). 국가유산청 문화유산위원회 전문위원, 국제기념물유적협의회(ICOMOS) 한국위원회 회원, 인문콘텐츠학회 편집위원으로 활동하고 있다. 문화체육관광부, 한국연구재단 연구사업, 이집트 공적개발원조사업(ODA), 사우디아라비아 국제개발협력 사업 등 국내외 디지털 헤리티지 관련 프로젝트의 연구책임자로서 문화유산 및 박물관 분야에서 활발히 활동하고 있다. 연구 결과를 산업 현장에 적용하고 SCI, SCOPUS, KCI 등 등재 학술지에 게재했다.